공公,
천하의
기준이 되다

공公, 천하의 기준이 되다

왕조실록을 통해 본 조선시대 공 담론

이근호 지음

글항아리

이 책은 한국국학진흥원 '오래된 질문을 다시 던지다' 시리즈의 일환
으로서, '공公' 담론의 다양한 층위를 살핀 것이다. 공에 대한 이해는 '사
私'에 대한 이해와 불가분의 관계이기에 피치 못하게 상당 부분 언급했다.

'공公'과 이에 상대되는 '사私'란 용어는 표현 방식은 다르지만 역사
상 세계적으로 통용되던 용어다. 우리의 경우 공과 사가 독립적인 의미
로 사용되기도 했지만 역사적 상황에 따라 수식어와 함께 특정 영역을
지칭하거나 특정 의식을 드러냈다. 조선시대로 한정해서 보더라도 공 담
론과 관련해서는 공의公義·공론公論·공도公道 등과 같이 다양한 용어가
사용되었으며, 이를 통해 공공성公共性 혹은 공정公正 등과 같이 다양한
의미로 정의되었다.

동양에서 공과 사는 중국에서 사용되기 시작한 뒤 한국과 일본 등
에 전파되었다. 다만 공과 사란 용어는 각국이 처한 역사적 상황과 조
건에 따라 그 의미나 지칭하는 바가 달랐다. 중국의 경우 공에 공동체

의 대표성이라는 의미와 함께 천天의 초월성을 기반으로 최고 권력자를 견제하거나 비판하는 도덕적 규범성이 내포되어 있다. 반면 일본에서는 공公=おおやけ(정부·국가·관청)과 사私=わたくし라 하여, 최상위 영역인 천황과 국가가 모든 권위를 독점하고 견제와 비판을 허용하지 않는 정치의식을 보였다. 한국의 경우도 대개는 중국의 공公·사私 개념과 유사한 형태로 전개되었을 것으로 추정되지만 아직까지 구체적인 역사상에 바탕한 본격적인 연구가 제출되지 않은 상태이기에 그 의미를 단정할 수는 없다.

조선시대에는 이미 건국을 전후한 시기에서부터 새로운 국가의 정체성과 관련해서 공 담론에 대한 논의가 있었다. 대표적으로 조선 건국의 밑그림을 주도한 정도전鄭道傳의 논의 속에 공 담론이 내재되었다. 그리고 이를 바탕으로 공도公道의 실현을 위한 제도적인 장치들이 강구되었다. 물론 앞으로 논의가 필요하겠지만 왕토사상王土思想의 적용이라든지, 공론의 정착을 위한 노력들이 이에 해당된다. 다만 건국 초기에는 역사적 조건의 한계로 공 담론의 이상을 현실에 그대로 구현하는 데 한계가 있었다고 판단된다. 그럼에도 이후 끊임없이 공 담론에 대한 논의가 있었다. 성리학적 공 담론의 정착을 위한 노력이었다. 이와 같은 공 담론에 대한 지속적인 제기는 조선이라는 국가 체제의 성격과도 관련된다. 혈연에 기초한 왕위 계승, 지배 집단의 재생산 구조 속에서 이를 일정하게 견제하면서 국가 운영의 공공성에 대한 문제 제기였던 것이다.

조선시대 공 담론의 모색과 관련해서는 다양한 학문 분과에서 연구되었다. 일단 먼저 참고가 되는 것이 중국의 공사 관념에 대한 일본 학계의 연구 성과인 미조구치 유조의 일련의 연구를 비롯해 중국 정치사상사 학계의 연구 등을 꼽을 수 있다. 특히 미조구치 유조의 연구는 중국의 공사 관념에 비추어 일본의 공사론을 검토하고 있어 동아시아에서의 공사론에 대한 검토를 할 때 참고가 된다.

한편 한국학계에서도 철학, 사회과학 등의 부분에서 조선시대 공사론이 검토된 바 있다. 이중 철학 부분에서 연구가 가장 활발하다. 성리학에서의 공적公的 합리성의 문제라든지, 종법宗法이나 예치禮治 질서 등의 개념을 통해서 공사 문제에 접근하거나 한국과 중국의 공사 인식의 문제를 비교 검토한 연구 등이 진행되었다.

이밖에도 조선시대 개별 인물의 공 인식 혹은 '공적' 인식을 다룬 연구 등이 이루어졌다. 한편 사회과학 부분에서도 경제사에서 전세의 공평 문제라든지, 조세 제도의 특징, 토지 보유세의 검토 등을 통해서 공 담론에 접근한 연구가 제출되었다. 법제사 부분에서도 법전의 정비, 관료제도 등의 분석 과정에서 공 담론을 통해 관료 선발에서 투명성이 확보되었고, 포폄褒貶 등을 통해 관직제도 운영의 정당성을 확보했으며, 범죄 문제에서도 공죄公罪와 사죄私罪가 명백하게 구분되면서 명확한 법 집행이 이루어졌음을 언급한 연구도 있다.

정치학에서는 동양 사회의 특성이라고 거론되는 가부장적 사회 속에서 공사 문제를 검토하거나 국왕의 모습을 통해서 공사 관념을 검출한 연구 등이 이루어졌다. 이상과 같은 철학계나 사회과학계의 연구는 조선시대에 제기되었던 공 담론에 대한 이해에 일정 부분 도움을 주지만 아직까지 조선시대 전체를 관통하는 논리적 체계로 정리하기에는 미흡

하다. 아울러 대부분의 연구가 시간과 공간의 문제가 거의 고려되지 않고 통시적通時的인 관점에서 접근함으로써 역사상을 구축하는 데는 한계가 있다.

한편 역사학계에서도 공 담론과 관련해서 여러 연구 성과가 제출된 바 있다. 특히 2001년에는 전국역사학대회 공동주제로 '역사에서의 공공성과 국가'가 기획된 점은 매우 의미가 있다. 주제 발표에서는 동서양을 아우르는 것은 물론이고 사회과학적 이론의 역사학적 적용이라는 의미 있는 발표가 있었다. 그럼에도 이후 관련 연구가 충분히 진행되었다고 볼 수 없다.

다만 이런 가운데, 정치사에서 16세기 이후 공론과 관련된 연구나, 최근에 진행되고 있는 사상사의 차원에서 이른바 '실학'과 공공성의 문제를 규명하려는 연구는 주목되는 연구 성과라 하겠다. 이밖에도 실제 사례를 통해서 나타나는 공의公義와 사의私義의 개념을 검토하거나 토지 소유권이나 법치의 문제를 검토하거나 개인 인물에 대한 연구, 토지 개혁론, 대동법 등을 통해서 공사 문제를 거론한 연구가 있다. 그러나 역시 조선시대 전체를 보듬어서 이해하기엔 한계가 있다. 즉 공·사 관념에 대한 검토가 학문적으로나 학문 외적으로 중요한 테마라는 인식은 공유하고 있으나 아직까지 충분한 검토가 진행되지 못하여, 이를 통한 역사상 구축까지는 도달하지 못했다.

공 담론과 관련한 역사학적 검토는 향후 새로운 조선시대상의 정립이라는 차원에서 의미가 있는 주제라 하겠다. 지금까지 조선조의 국가적 성격에 대해서는 명확하게 언급한 연구가 많지 않지만 대개는 폭력과 수탈 그리고 이에 대한 저항을 강조하는 경향이 강하다. 이와 같은 경향성을 통해 조선조의 역사상에 대해 다양한 측면에서 양적으로나 질적으로 많은 연구 성과가 축적되었다. 그러나 폭력성과 또 다른 차원에서 국가 운영의 공공성을 견지하려는 노력들이 지속적으로 제기되었음도 부정할 수 없다.

이때 대표적인 논리가 공 담론이라 하겠다. 공 담론에는 이미 공평이나 분배, 공정 등의 개념이 내포되었다. 그리고 이를 통해 지배 권력의 폭력성을 견제하고 국가 운영의 공공성을 담보하고자 했던 것이다. 따라서 이에 대한 검토는 조선조 국가의 성격을 규명한다는 차원에서 의미가 있는 주제로 보인다. 단, 이에 대한 검토는 역사적 조건에 기초해야 하며, 공과 사에 대한 개념을 유형화하고 그 개념의 변화상을 추적함으로써 공과 사 개념의 변화를 추동한 정치·사회·경제적 요인들과 함께 역사상 어떻게 공적 영역을 활용하여 사적 영역을 통제하려 했는가가 추적되어야 할 것이다.

이 글의 작성이 쉽지만은 않았다. 관련 연구가 충분히 진행되지 않았다는 점은 핑계일 뿐이다. 모두 필자의 게으름과 무지의 소치다. 충분한 시간을 가지고 온축蘊蓄의 과정을 거쳐 성과를 제시했어야 하지만 그렇지 못했다. 각종 자료에 등장하는 인식의 층위와 내용 등을 소개하는 선에서 그쳤다. 단, 관련 연구의 성과를 정리하고 '공'이 지향하는 바를 점검하는 정도의 성과를 거두었음을 자위하며, 차후 지속적으로 관심을 두고 연구를 통해 심화시키겠다고 약속하는 것으로 책임을 면하고자 한다. 아울러 이 책에서는 특히 실록의 사례를 주로 거론했다. 책이

속한 시리즈의 대부분에서 주로 유가의 경서를 활용한 점과 다른 부분이다. 경서에 대한 필자의 이해가 일천하기 때문이기도 하지만, 조선조의 '공' 담론을 구축하기 위한 목적이 있기도 하다. 많은 질정을 바란다. 아직 부족한 필자에게 원고를 맡겨주신 한국국학진흥원에게 감사드린다. 그리고 원고 제출이 지연되어 노심초사하신 최은주 선생님께는 감사와 위로의 말씀을 드린다.

2018년 12월

이근호 삼가 쓰다

公

풀이하는 글

1.
'공' 개념의 등장과 확장

'공'자의 등장과 제자백가의 공 개념

역사상 '공公'자는 이미 갑골문에서부터 등장한다. 갑골문에 등장하는 여러 형태의 공은 대개 "八, ○" 또는 "八, □" "八, ㅂ" 등으로 정리된다.

| 갑골문 | 금문 | 소전체 | 해서체 |

*한전漢典(http://www.zdic.net) 재인용

이에 대해서는 여러 가지 해석이 존재한다. 은허殷墟의 복사卜辭에서 등장하는 '선공先公' '선공지묘先公之廟' '왕공王公'이라는 세 가지 용례에 따라 이를 '선공'과 같은 특정인을 지칭하거나 혹은 궁실을 의미하는 공

궁公宮으로 해석하는 견해가 있다. 이밖에도 '공'자를 초기에는 술그릇을 뜻하는 '존尊'자로 해석해서, 대형 옹기를 그린 상형 문자로 출발했다가 나중에 음音을 가차假借하여 왕공王公에서의 공이라는 의미로 전환되었다는 견해도 있다. 최근에는 원시인들의 조상숭배 사상에 따라 '선조先祖'니 '선공先公'은 생명의 근원을 상징한다고 하며, 남근男根을 상징하는 표현이라는 해석도 제출된 바 있다.[1] 그러나 이 부분은 아직은 검증이 필요하며, 대개는 최고의 신분을 지칭하는 것이라 할 수 있다.

이런 차원에서 요순 시대 이후 사용되었을 것으로 파악되는 5등 봉작제인 공작公爵·후작侯爵·백작伯爵·자작子爵·남작男爵 등 5개 작명 중에서 공은 최고위를 지칭했다. 5등 봉작제는 이후 오랜 동안 봉작제의 기준으로 준용되어, 하夏·은殷·주周를 거치면서 계속 통용되었다. 다만 은·주대에는 각 등급별로 구체적인 토지 규모가 설정되었다는 데 특징이 있다. 은나라 때에는 천자天子의 사방 1000리를 기준으로 공·후는 100리, 백은 70리, 자·남은 50리로 각각 정했다. 은나라 때의 봉작 규모는 주나라 초기까지로 그대로 계승되어 통용되다가, 주공周公에 의해 보다 세분화되어 공은 500리, 후는 400리, 백은 300리, 자는 200리, 남은 100리로 조정되었다. 주대의 이 같은 5등 봉작제는 봉건 제도 운영과 밀접하게 관련되는 것이다.

이후 후한 때 허신許愼의 저작인 『설문해자說文解字』에서는 "공公은 평분平分이다. 팔사八厶에 따른다. 팔八은 배背와 같은 것이다. 한비가 말하기를, 사厶에 배背하는 것을 공이라 한다"고 했다. 여기서 지칭한 한비의 지적은 『한비자』의 "옛날에 창힐蒼頡이 문자를 만들었을 때 스스로 둘

공公, 천하의 기준이 되다

러싼 것을 사私라 하고, 사에 등진 것을 공公이라고 했다. 공사가 상반되는 개념이라는 것은 창힐도 이미 알고 있었다"라고 한 부분을 지적한 것이다. 『설문해자』에서의 공은 공평하게 나누는 것을 의미한다.

제자백가 단계에서 공의 의미는 확장되고 이론화되었다.[2] 유가의 공인식은 가치적이다. 이를 대변하는 것이 순자荀子의 이해다. 순자는 공사론公私論의 창시자라고 평가된다. 순자는 공과 사를 대립 개념으로 파악하고, 체계적으로 공사론을 전개했다. 순자에게 공은 통치자나 통치자와 관련된 사물이라는 구상적具象的인 의미에서 확대되어, 공공公共·공평·공정이라는 추상적인 의미를 띠게 되면서 윤리화되고 정치화되었다. 나라를 다스리려면 반드시 공을 앞세우고 일에 부딪치면 공을 우선시해야 한다고 했다. 사람을 쓸 때도 "안으로 자식과 형세에 기울어져서는 안 되고 밖으로 먼 사람이라도 감추어서는 안 된다"고 하여 공적이어야 한다고 했다. 일에 대한 결단을 내릴 때도 공명정대해야지 "감추는 것은 이롭지 않다"고 했다. 이런 덕목은 군주만이 아니라 신하 등이 지켜야 할 보편적인 것이었다. 따라서 공은 선이며 되어야 하는 것이었다. 반면 사는 악이요 부정되는 것이었다. 순자의 이 같은 견해는 군주권력이 강해지던 역사적 상황을 배경으로 하는 것이었다.

한편 법가인 한비자는, 앞서 순자가 공을 공공과 공평, 공정이라는 의미라 본 것을 더 철저하게 강화했다. 한비자는 공과 사를 이율배반적으로 예리하게 대립시켜 "사의가 행해지면 어지럽고, 공의가 행해지면 다스려진다"라고 하듯이 공을 긍정하고 사를 부정했다. 그리고 법가의 정치사상을 반영해 군주권력의 강대화에 따른 부국강병에 도움이 되는 것을 공가公家, 공리公利, 공행公行, 공공公功 등으로 공을 붙여 이름을 짓고 그것에 반하는 신하나 민중의 개별적인 이해를 사로 불렀다. 한비자의 견해에서 유가의 공과 다른 것은 법法을 강조한 점으로, 법이 군주의 공리公利이고 공의公義가 집적된 것으로 이해된 점이다. "법령을 수립하는 것은 그것으로 사사로움을 폐하려는 까닭이었다." 대신 유가에서 주장하는 효孝 등의 윤리를 사로 분류하여 배격했다.

도가의 경우는 도道를 공으로 인식했다. 도란 모든 생명과 인간관계의 근원으로, 천지자연과 인간 사회를 관통하는 가장 보편적인 존재인 도道나 천지의 속성을 공으로 이해했다. 이에 비해 보편적인 도를 포착할 수 없는 인간이 개별적인 감정과 욕망, 지식 등을 사로 비판했다. 반면 노자의 경우는 유가나 법가에 비해서 사를 긍정하고 있다는 점이 주목된다. "성인은 (…) 사가 없기 때문에 도리어 그 사를 잘 이룬다"고 했는데, 최종적으로 사私를 달성하는 것이 긍정되어 있다.

공에 대한 제자백가의 서로 다른 이해는 이후 전국시대 말기 『여씨춘추』와 『예기』에서 종합되었다. 특히 『예기』의 대동사상은 이를 집성한 것이다.[3] 『예기』에서는 '천하의 공天下爲公'으로 인식된다. 천하가 공이기 때문에 자손에게 사사롭게 넘겨서도 안 되고, 천하의 현능한 인재에게 넘겨줌으로써 공공의 것으로 여긴다는 것이다. 따라서 현능한 사람을 선발하며, 사회 구성원들이 서로를 신뢰하고 평화롭게 살아갈 있도록 가르치고 익힌다. 이렇게 되면 너와 나의 구분 없이 서로를 사랑하고 부양한다. 모든 사람에게 사회적 역할이 주어지고 모든 사회적 약자는 사회적 보장을 통해 안정된 삶을 살아갈 수 있다. 재화와 이를 얻기 위한

공公, 천하의 기준이 되다

노동은 우선 스스로의 삶을 위해서 필요한 것이지만, 스스로 충족하면 나아가 그것을 절실히 필요로 하는 다른 사람을 위해서 기꺼이 양도하거나 봉사할 수 있다는 의식을 자연스럽게 갖는다. 사회 구성원들 사이에 신뢰와 사랑이 충만하기 때문에 도둑이나 강도처럼 사회를 혼란스럽게 하는 존재가 생겨나지 않으며 따라서 비록 대문이 있어도 굳이 닫아 걸 필요가 없어진다. 이것이 대동 사회다.

이에 비해 소강사회는 문제가 있는 사회다. 동시에 천하 대란의 상황과는 일정한 거리가 있는 사회상이다. 소강사회는 천하위공의 대도가 은폐되어 숨어버린 사회로, '천하의 가天下之家'로 인식된다. 따라서 지도자는 자신의 지위를 자식에게 세습한다. 따라서 지도층뿐만 아니라 개인들도 사적인 혈연관계를 중심으로 움직이는 사회다. 지도사는 사유화된 천하를 세습하는 것을 사회제도로 확립하며 사유화한 천하를 지키기 위해 여러 가지 방어시설을 만들고 예의를 기강으로 삼아 사회를 조직하여 질서를 유지한다. 또한 의식주를 비롯한 인간생활에 필요한 제도를 만들고 농업사회의 생산기반과 마을공동체를 형성하며 개인들의 사익을 위한 활동과 그 결과의 사유를 보장한다. 이러한 사회에서는 비록 혼란과 전쟁이 일어나지만 우, 탕, 문무, 성왕, 주공과 같은 지도자가 나와서 예를 기강으로 삼아 백성을 교화하여 사회를 안정되게 유지했다. 만일 질서를 어지럽히는 사람이 있다면 지위 고하를 막론하고 사회적 동의를 얻어 제거하니 이러한 사회가 소강사회다.『예기』의 천하위공은 결국 "천하적인 규모에서 행해지는 인류 전체 이익 실현의 공동성을 공이라 이름"하고 있다.

'공' 개념의 확장 과정

한나라와 당나라 때에 이르러 공에 대한 이해는 충효忠孝 개념 등과 얽히면서 복잡한 양상을 띠게 된다.[4] 이 시기에 이르면 공적 영역과 사적 영역의 존재가 상정되었다. 『후한서』「곽진郭陳열전」에서, "춘추에 신하에게 큰 상이 있으면 군주는 3년 동안 부르지 않는다고 했는데, 민자는 어버이의 죽음을 접했을 때 상복을 차려입고 병역에 나아가 공난公難으로 달려갔는데, 얼마 후 물러나 위를 군주에게 되돌려주고 사은을 다했다. 그러므로 춘추에 군주가 그를 쓴 것은 잘못이다. 신하가 그것을 행한 것은 예다"라고 했다. 군신君臣과 부자父子 관계를 각각 공적 영역과 사적 영역으로 구분하고, 공난公難이라는 단서를 달고서 공적 영역이 우선시되어야 함을 지적하고 있다.

한편 곽진의 사례와 같은 것은 기복起復이라 하여 오랜 논쟁을 불러온 사안이었다. 기복이라 함은 관원으로서 상기喪期를 다 마치지 못하고 출사하는 것을 말한다. 기복은 모든 관원에게 해당되는 것은 아니고 장상將相을 겸하고 일신이 국가 안위에 관계되는 자가 대상이었다. 우리에게서도 기복의 문제는 이미 고려시대부터 논란이 있어 왔으나, 특히 성리학의 정착 과정인 고려 말 이래로 상당한 논란이 있었다. 이는 기복의 문제가 단순히 관원이 출사하는 것에 그치는 것이 아니라 상기를 제대로 마치지 못한다는 점에서 충효의 윤리와 매우 밀접한 관련이 있기 때문이다. 즉 기복의 문제는 조선 건국 이후 충효 윤리의 정착 과정을 보여줌과 동시에 이 과정에서 나타나는 공도公道의 실현 문제를 그대로 드러낸다고 해도 과언은 아니다.

이렇게 공적 영역과 사적 영역이 설정된 상황에서 한·당 시기에는 공적 영역의 우위가 전제되었다. 중앙 집권을 강조하는 맥락에서 중앙의 각종 정책이나 사업 등은 공적이고 지방이나 신하들은 사적인 것으로 배척의 대상이었다. 충효와 결합하여, 사적인 행위나 축재蓄財는 불충이고 불효였으며, 공을 위한 것만이 충신이고 효자였다. 국왕으로 대표되는 공은 항상 존엄하고 중요하며 최고의 가치였고, 반대로 사는 항상 문제가 있고 나쁜 가치가 있는 것이었다.[5]

이후 중국 송대에 이르면 공의 개념은 천리天理·인욕人慾 등의 개념과 결합하면서 새로운 국면으로 전환했다. 명도明道 정호程顥는 천지의 상도常道는 그 말이 골고루 미쳐서 특정한 마음에 치우치지 않는 것이고, 성인의 상도는 그 감정이 마음에 순응해서 역시 한정되거나 치우침이 없기 때문이라고 하면서 군자의 학문은 확연대공廓然大公하고 사물에 순응하는 것이라고 했다. 확연대공한 상태란 자신의 하찮은 지혜를 쓰면서 잔꾀를 부리지 않는 것이고, 천지자연의 마음과 서로 밝게 통하며 사물이 오는 대로 순응하는 것을 말했다.

한편 주자朱子는 공과 관련해서 혁신과 심화를 통해 새로운 지평을 개척한 것으로 평가된다. 주자의 공 개념은 그의 사상적 토대인 천리天理, 인仁 개념과 결합되어 전개되었다. 주자는 인仁을 만물을 생성하는 하늘과 땅의 마음으로 보면서, "인이란 마음의 덕[心之德]이요, 사랑의 원리[愛之理]"라고 정의했다. 그리고 이런 인의 실현 방법이 공이라고 했다. 즉 "인의 도는 요컨대 '공' 한 글자로 말할 수 있다. 공은 인의 이理일 뿐이니, 공을 곧 인이라 불러서는 안 된다. 공을 사람이 체득하면 인이 된다"[6]라고 했다. 이러한 공은 사와 대비되어 설명되는데, "사람에게는 단지 공정함과 사사로움이 있고, 세상에는 단지 사특함과 올바름이 있을 뿐이다. 세상의 크고 올바른 도리로 일을 처리하면 곧 공정하다. 자신의 사사로운 뜻으로 그것을 처리하면 곧 사사롭다"고 했다.

주자의 이 같은 공 인식은 "소통하여 막힘이 없는 것"으로, 사람과 사람 그리고 사물과 사물들 사이를 단절하고 분리하는 사사로움과 달리 천지 만물의 공생과 조화를 지향한다. 주자의 공 관념은 개인의 몸에도 적용되는데, 결국 몸-가정-지방사회-국가-천하에 이르기까지 사사로움을 극복하여 만물일체의 인을 실현하는 것이 주자가 생각하는 공이었다. 내면의 수양에서부터 가족생활에서 효를 실천하며, 지방 사회나 국가에서는 공평무사하게 자신의 입장을 표현한 것이고, 평정한 마음으로 정치 활동에 참여하는 것이었다.[7]

주자의 이 같은 견해는 공 개념에 내포된 윤리적이고 도의적인 특성을 잘 드러내주는 대표적인 예다. 공과 사의 대비는 천리·인욕과의 대비와 결부되었으며, 이는 정正·편偏, 정正·사邪, 선善·악惡의 대비와 동일시되었다. 따라서 '천리=본래적으로 올바른 상태=공公=윤리적 올바름'을 의미하게 되었고, '인욕人慾=자의적 욕망으로 일그러진 상태=사私=윤리적 그름'을 의미하게 되었다. 이는 보편적인 윤리 원칙으로 군주나 관료, 사대부 등 지배 계급이 지켜야 할 보편적인 덕성으로 강조되었다.[8]

공公, 천하의 기준이 되다

2.
실록에 나타난 '공' 용례의 유형

　　조선시대에 공은 어떻게 인식되고, 또 어떤 의미를 지닌 채 사용되었을까? 이 문제를 해결하기 위해 일단 공과 관련된 용어를 실록에서 추출하고, 이를 유형화했다. 『태조실록』에서 『세종실록』까지의 기록에서 '공公'자가 들어난 기록을 추출하고, 유의미한 용어를 추출하는 작업을 진행했다. 그 결과 대략 308개 정도의 단어 혹은 구문이 검출되었다.

　　이중 가장 빈번히 등장하는 것은 공이란 글자 하나인데, 맥락에 따라서는 여러 가지를 의미한다. 먼저 공 글자 자체로 특정인을 지칭하는 대명사로 사용되는 경우가 상당수다.[1] 또 공이라는 표현만으로도 관청을 지칭하기도 했다. 예를 들어 1412년(태종 12) 12월에 태종이 대언代言들에게 밤낮으로 그들이 청사에 있는 것이 어려울 것이라고 말한 바 있다. 이때 청사가 '공'으로 표현되었다.[2] 세종조에도 공이란 표현이 관청을 지칭하는 예는 비일비재했다.

공은 이처럼 인명이나 관청을 지칭하는 것 외에도 공평이나 공정 등의 의미로도 사용되었다. 예를 들어 1413년(태종 13) 6월 1일 형조판서 김희선 등이 시무에 대해서 건의한 내용 가운데 "사람을 쓰는 도道가 공정을 다하지 못하면 공적을 상고하는 법[考績法]이 바른 것을 얻지 못한다"[3]라고 하여 사람을 쓸 때 공정하지 못하면 고적법도 바를 수가 없다고 했다. 여기서 공은 바로 공평 혹은 공정이라는 의미로 이해될 수 있겠다. 이밖에 공도公道 혹은 공공성公共性으로 이해될 수 있는 표현도 나타난다. 공에 나타나는 의미는 공과 다른 표현들이 결합되면서 보다 명확하게 드러나고 있다.

아래에서는 조선 전기 실록에 나타난 공과 관련된 단어나 구문을 추출한 것이다. 보다 세밀한 분석이 필요하겠으나 일단 잠정적으로 네 가지 유형으로 분류하고, 그 용례를 살펴보도록 하겠다. 이를 통해 조선조에 공이 어떤 의미로 사용되고, 그것이 갖는 의미는 무엇인가를 추적해보고자 한다.

[표1] 조선 전기 실록에 나타난 공 용례의 분류와 유형

유형	세부유형	용례
유형1	1-1	公姓, 公族
	1-2	公卿(公卿大夫), 公侯(公侯伯, 公侯爵), 公位
	1-3	三公, 上公, 相公, 貳公, 令公
	1-4	公人, 公差(公差除役人), 公使人
	1-5	諸公

공公, 천하의 기준이 되다

	2-1	公室, 公家(公家巨室, 公家釜鼎, 公家之兵, 公家之役, 公家之將, 公家之財)
	2-2	公衙(公衙客舍, 公衙祿俸, 公衙丘從, 公衙祿田), 公處(公處中), 公館, 公廨, 公門, 公廳
	2-3	公路, 公務事, 公奉, 公事行移, 公狀, 公席, 公薦, 公會, 公禮狀, 公籍, 公座, 公牒, 公報, 公選, 公祇, 風聞公事, 公座簿, 公務, 行公, 公文, 公服, 公事, 公擧, 大小公務, 公養, 公役,
유형2	2-4	擧法之公, 公例, 公不掩罪, 公怨, 公證, 用刑之公, 公器, 公法, 公纈, 公罪
	2-5	屬公(屬公家舍奴婢, 屬公寺社奴, 屬公寺社奴婢, 屬公水軍, 屬公奴婢), 屬於公, 屬于公, 盡公, 盡入於公, 入公, 皆納於公
	2-6	公用(公用物件, 公用紙), 公備, 公須(公須稅, 公須衙祿, 公須田, 公須廩給), 公廩, 公儲, 公給, 公收(公收田租), 公料, 公物, 公賦, 公處費用
	2-7	公閑田, 公田, 公廨田, 公廨之田, 公處閑廣良田
	2-8	公賤(公賤人)
	2-9	公桑(公桑蠶室), 公船, 公行船, 公處船
	3-1	公私, 公私處
	3-2	公私兼濟, 公私俱便, 公私俱乏, 公私窮乏, 公私瞻足, 公私截然, 公私蓄積, 公私充足, 公私俱竭, 公私兩便, 公私受害, 公私之蓄, 以便公私
	3-3	公私物, 公私魚鹽, 公私軍器, 公私馬匹, 公私牛馬, 公私錢物, 公私之寶, 公私之物, 公私家舍, 公私牧場, 公私瓦, 公私船, 公私漕轉
	3-4	公私本主, 公私男女, 公私奴, 公私奴隷, 公私隷, 公私相訟奴婢, 公私訴良事, 公私有役僕隷, 公私賤女, 公私賤隷之徒, 公私賤籍, 公私賤妾, 公私稱子, 公私賤人, 公私驅奴, 公私訴良, 公私賤, 公私婢子, 公私奴婢, 公私賤隷, 公私賤口, 公私之異, 一公一私, 公處之奴, 公處奴子, 公處婢子, 公處奴婢
유형3	3-5	公私文案, 公私文籍, 公私書啓, 公私田籍, 公私書狀
	3-6	公私竝皆收租, 公私田, 公私田租, 公私放牧, 公私所獲, 公私馬價
	3-7	公私不急營繕, 公私營繕, 公私營繕材木, 公私土木, 公私土木之役
	3-8	公私負債, 公私推徵, 公私宿債
	3-9	公私廩費, 公私常用, 公私用度, 公私之備, 公私之費, 公私之用,
	3-10	公私善惡之辨, 公私罪犯, 公私相訟, 公私罪, 公私之辨, 公私之辨明
	3-11	公私(宴公私宴樂, 公私宴享, 公私宴飮), 公宴, 公私用酒
	3-12	公私之分

유형4	4-1	公義, 公義之重, 私恩公義, 義勝恩則公, 以私恩廢公義, 大義公於萬世
	4-2	公耳忘私, 憑公, 憑公營私, 私不掩公, 徇公忘私, 徇私滅公, 以私而滅公, 以私滅公, 以私而廢公, 以私廢公, 廢公, 藉公營私, 瘠公, 瘠民肥公, 挾私欺公, 挾私背公,
	4-3	公天下, 一視惟公, 天理之公, 天下之公義, 天下之公
	4-4	奉公勤謹, 奉公之心, 有益於公, 必公必勤, 憂國奉公, 奉公, 勤謹奉公, 勤敏委公
	4-5	至公, 至公重法, 至公之德, 至公之心, 至公之義, 至公之政, 至公無私, 至公至正, 至公之道, 大公而至正, 廓然大公, 大公至正
	4-6	公幹人員, 公幹之望, 公明剛正, 公正(軍政公), 公正官吏, 公正之士, 選擧公, 公勤, 公廉之士, 賞罰之公, 公幹, 公正, 公廉, 公平正大, 公平, 爵賞之公, 公直
	4-7	公共之物, 公共之法, 公共之器, 公共
	4-8	公道, 公道天開, 公理, 明公, 大公
	4-9	公國人之論, 公言, 公議, 公論
	4-10	公然取用, 公行, 公然
기타		直筆之公, 因公, 公同試取, 公反物色, 封公, 不公分給, 非公, 在公

위에서 유형1은 대부분 사람을 지칭하는 경우다. 유형2는 주로 관청이나 국가기관을 지칭하는 의미로 판단되어 분류한 것이다. 이중 2-4의 경우는 주로 법과 관련된 용어다. 물권物權과 관련된 것도 포함되는데, 주로 관청이나 국가 기관 소유 혹은 점유한 노비나 토지 등을 지칭하는 것으로 판단된다. 유형3은 공사公私가 대구로 표현된 용어들을 분류한 것이고, 유형4는 공의나 공론과 같은 의식이나 공도 등과 같은 준칙을 제시한 용어들을 분류했다. 물론 다소 불충분한 분류임은 자인한다. 다만 여기서는 일단 그 용례의 광범위함을 확인하고, 각각의 용어가 의미하는 것이 무엇인지를 살피는 수준에서 제시한 것임을 밝혀둔다.

유형1 – 최고 신분층, 공적 사역인 둥

유형1 중 1-1의 유형은 주로 왕실 또는 종친을 지칭하는 개념이다. 먼저 공족公族과 관련해서는 다음의 용례가 확인된다,

㉠ 또 고려의 옛 법식을 상고하여 의위儀衛를 정해서, 출입할 때에는 반드시 의위를 갖추어 행하게 하고, 의위를 갖추지 않고 감히 가볍게 나가는 자가 있거든 헌사憲司에서 규찰하고 살펴, 공족公族을 높이고 이성異姓을 구별해서, 범죄의 근원을 막고 친족을 화목하게 하는 도를 온전히 하게 하소서.[4]

㉡ 이에 우리 세조世祖 혜장대왕惠莊大王께서 요·순을 근본으로 삼고 문왕·무왕을 본받아서 종실宗室에서 골라 어질고 능한 자를 들어서 쓰고, 또 공족公族이 많아서 어질고 어질지 못함을 자세히 알지 못할 것을 염려하여 모두 과거에 나아가게 했으니, 이는 성왕聖王이 친족을 친애하는 아름다운 법을 권장한 것입니다.[5]

위의 ㉠ 사례는 1400년(정종 2) 4월에 왕실의 가까운 종친들을 봉군하는 과정에서 권근과 김약채 등이 올린 글에서 언급된 표현이고, ㉡ 사례는 1473년(성종 4) 9월 종친인 송림부정松林副正 이효창李孝昌 등이 상소하여 종친들에게도 과거시험에 응시하게 해줄 것을 청하는 글에서 나오는 표현이다. ㉠에서는 종친들에게 위의를 갖추게 함으로써 공족을

높이자고 했다. 여기서 공족은 다름 아닌 종친임을 알 수 있다. ㉡은 종실과 공족이라는 표현이 함께 등장하고 있어 공족이 종실 혹은 종친과 다른 표현으로 이해할 수 있다. 그러나 이 표현은 세조가 종친들에게 과거에 응시하게 한 조치를 언급한 것으로, 여기서 공족은 종실 혹은 종친의 또 다른 표현으로 이해해도 무방할 것이다.

1-2의 공경公卿, 공경대부公卿大夫, 공후公侯, 공후백公侯伯, 공후작公侯爵, 제공후諸公侯에서 공은 관원을 지칭한다.

㉠ 공경들을 안에서 쓸 수 없고, 비빈들 역시 밖에서 쓸 수 없다.[6]
㉡ 공경公卿·대부大夫로부터 서인庶人에 이르기까지 부모의 기일忌日이 되면, 다만 집에서 제사만 지내고 부처에게 가지 않는 사람이 자못 많이 있어, 사설邪說이 점점 없어지고 세도世道가 바른 길로 돌아온 지가 거의 30~40년이나 되었습니다.[7]
㉢ 지금으로부터 종실, 공후, 대신과 개국·정사공신開國定社功臣에서 백료 서사百僚庶士에 이르기까지 각기 자기 직책에 이바지하여, 서로 사알私謁하지 말고,[8]

㉠에서 안이란 궁궐, 즉 내조內朝를 지칭한다. 이에 비해 공경公卿은 밖을 의미해 구분해서 기록하고 있다. 이 기록에서 제시된 내·외의 구분 역시 공·사 영역이 대비되는 것과 같은 맥락이다. 나아가 제갈량이 제시했던 궁부일체宮府一體에서 궁중과 부중을 대비시킨 것과 관련이 있다. 제갈량이 제시한 궁중과 부중은 『주례周禮』에서 제시하고 있는 내조

公公, 천하의 기준이 되다

內朝 및 외조外朝와 같은 의미다. 『주례』에서는 군국대사를 처리하는 중앙 기구로 내조와 외조를 구분하고 있으며, 내조는 다시 치조治朝와 연조燕朝로 구분되는데 이런 구분은 천자가 머무는 곳을 중심으로 하여 원근을 기준으로 구분한 것이다. 내조 중 치조는 천자가 대신들과 군국대사를 처리하는 곳으로 궁정宮庭이라고 하며 여기의 관원을 궁관宮官이라고 했다. 내조 중 연조는 황제가 평상시에 거주하는 공간으로 성省이라고도 하며 이곳의 관원을 성관省官이라고 했다. 한편 외조는 재상부宰相府로서 궁궐 밖에 위치하여 상부相府라고도 하며 외관外官이라고도 했다.[9]

이렇게 본다면 내외일체內外一體는 내조와 외조의 통일을 의미하는데, 그 이념적 지향성이 궁부일체와 일치한다고 해도 과언은 아니다. 궁부일체에 대해서는 뒤에서 자세하게 서술하겠으나, 일단 그 예를 제시한다. 1545년(인종 1) 2월 홍문관에서 차자를 올렸는데, 차자에서 상중의 인종에게 군국의 기무를 관장하는 대신을 때때로 소대召對하여 "상하가 화합하고 내외가 일체가 되게 해야 한다上下相孚 內外一體"고 했다. 여기서 궁宮=내內, 부府=외外라는 상관관계가 성립되며 내는 내조를, 외는 외조를 지칭한다. 좀 더 구체적으로 궁=내가 지칭하는 범위를 보면, ① 군주가 궁내에서 한 번에 불러들일 수 있는 시종신侍從臣 그룹으로 엄인閹人이나 군인軍人, 귀척貴戚 등 ② 군주의 근신으로 재상의 관할에서 벗어난 그룹 ③ 궁내에서 궁정의 사무나 군주의 사무私務를 담당하는 내신內臣 혹은 환관宦官, 궁관宮官 그룹 ④ 재상의 지휘를 벗어나 군주의 직접 지시를 받는 그룹 등이 포함된다.[10] 따라서 궁=내는 재상의 지휘를 벗어나 군주의 직접적인 지시를 받은 일군의 세력이나 혹은 관서 등을 지칭한다. 이에 비해 부=외는 재상의 지휘 아래에 있는 관서나 관인을 지칭한다. 결국 궁부일체 혹은 내외일체는 이것들이 통일된 전일적全一的 국가 운영을 지칭하는 것으로 볼 수 있겠다.

한편 ㉠에서 제시한 공경은 일단 관원을 지칭한다고 할 수 있는데, ㉡의 용례를 보면 일반적인 관원을 지칭하기보다는 관원 중 최고위급 관원을 의미한다. 공은 공·후·백·자·남의 5등 작호 중 가장 우두머리이자 최고의 위계에 해당된다. ㉢은 종실과 공후와 대신을 구별하고 있어 주목된다. 그 위계가 종실과 대신의 중간 정도의 위치로 공후를 말하고 있다.

1-3유형의 삼공三公, 상공上公, 상공相公, 이공貳公, 영공슈公 역시 관원을 의미한다. 이중 삼공은 의정부 소속의 삼정승을, 상공은 그중 최고인 영의정을 지칭한다. 아래는 이 가운데 이공의 사례를 제시한 것이다.

또 전대前代의 사기史記를 편수編修하여 삼장三長의 재주를 폈도다. 뽑혀 이공貳公에 있으면서 길이 사세四世를 보좌輔佐했는데, 도움된 바는 조용하게 치도治道의 유익함을 논한 것이었고, 분주하게 근력을 수고롭게 한 데에 있는 것이 아니었다.[11]

이 사례는 1424년(세종 6) 의정부 찬성 유관柳觀의 사직 요청에 대해 세종이 발언한 내용이다. 세종은 먼저 유관의 공로에 대해 언급한 뒤 이공으로 4세를 보좌했다고 했다. 4세란 태조 이하 4명의 국왕으로,

유관이 역대 선왕을 보좌한 사실을 직시한 것이다. 여기서 이공은 특정 단계에 있는 관원을 지칭하는 것으로, 흔히 이공이란 의정부 찬성을 지칭했다.

아래는 영공의 사례를 제시한 것이다.

전지하기를, "이 뒤로는 조회에 들어오는 대소 인원人員에게 상위上位는 전하殿下라 일컫고, 중궁은 왕비라 일컫고, 동궁은 세자라 일컫고, 대궐은 왕부王府라 일컫고, 대군은 왕자라 일컫고, 공주는 왕녀라 일컫고, 부마駙馬는 의빈儀賓이라 일컫고, 영공令公은 재상宰相이라 일컫도록 하라" 했다.[12]

위 기사는 1434년(세종 16) 4월 왕실 용어 등의 사용과 관련한 개정 내용을 전하는 것으로, 이 가운데 영공은 재상으로 개칭되었다. 결국 영공은 재상에 버금가는 위상을 점하는 관원을 의미한다고 하겠다.

1-4 유형의 공인公人, 공차公差(公差除役人), 공사인公使人은 공적인 사역인을 의미한다.

㉠ 임금이 이천현利川縣에 교유하여 이르기를, "양녕대군 가중家中에 소용되는 일은 공인公人을 부리지 말고 자기 집안사람으로 하게 하며, 만일 잡인이 출입하는 자가 있으면 동리 사람을 시켜서 고발하여 체포하고, 매사냥이나 천렵하느라고 출입하는 때에도 공인을 보내어 수종隨從하게 하지 말라" 했다.[13]

ⓛ 영락永樂 22년 9월 초1일 공무로 보낸[公差] 배신陪臣 지삼등현사知
三登縣事 박득년朴得年이 요동에서 대행황제大行皇帝가 돌아갔다는 소식
을 듣고 돌아왔으므로,[14]

위의 ㉠에서는 가중家中과 공인公人을 대비한 기록인데, 여기서 가중
은 사적인 영역이고 공인은 공적 영역에서 사역되는 인원을 지칭하는
것이다. ⓛ에서 지칭하는 공차는 공무로 차출된 것이고, 역시 국가를
공적 영역으로 표현한 것이다. 요컨대 1의 유형은 주로 사람을 지칭하
는 것으로, 그 대상은 종친으로부터 일반 관원 및 상위의 관원 그리고
공적으로 사역되는 사람까지를 지칭하고 있다.

유형2 - 국가, 왕실, 관청

2-1 유형의 공실公室, 공가公家는 주로 왕실을 의미한다.

㉠ 신은 젊었을 적부터 일찍이 공맹의 글을 읽어서 매양 요순의 도
로 왕 앞에 진달하려고 했사온데, 다행히 전하를 만나서 지나치게
성은을 입어 벼슬이 1품에 이르고, 공실公室에 혼인을 연하여 항상
만분의 일이라도 이에 보답하려고 도모하나,[15]
ⓛ 몸이 귀척貴戚이고 지위가 병조판서에 이르렀는데도, 마음은 공실
에 공정하지 못하니 또한 그의 잘못입니다.[16]

㉠은 1408년(태종 8) 12월 와병 중이던 권근이 태종에게 올린 상소

에서 등장하는 기록이다. 여기서 권근은 자신에 대한 국왕의 대우가 과분하다고 표현하는 가운데 공실과 혼인 사실을 언급하고 있다. 권근의 아들 중 권규權跬가 태종의 부마가 된 사실을 언급하는 것이므로, 공실은 결국 왕실을 지칭한다고 하겠다. ㉡은 1409년(태종 9) 5월 사헌부에서 이무李茂나 이천우 등을 탄핵하던 중 이천우의 죄상을 언급하면서 거론한 것으로, 귀척의 지위에 있으면서도 공실公室에 마음을 두고 있지 않음을 말하는 것이다. 여기서 공실은 역시 왕실을 의미한다.

다음 공가公家의 경우에는 공실보다는 포괄적인 의미를 내포하는 것으로 생각된다.

소문을 듣거대, 바닷가이 거우 모인 백성이 이 영令이 내린 것을 듣고, 공가公家에서 이익을 독점하여 근심이 될 것을 두려워하여, 다시 떠돌아다니는 자가 많이 있으니, 나는 두렵건대, 나라에 이롭게 하려다가 도리어 이익이 없을까 생각됩니다.[17]

위 기록은 1398년(태조 7) 경상도 관찰사가 지영주사知永州事 우균禹均의 발언을 전하는 과정에서 나온 표현이다. 여기서 공가는 국가 혹은 관청을 의미하는 것으로 파악된다. 1406년(태종 6) 사헌부에서 급전법給田法을 개진하면서 언급한 "급손給損이 과다해서 공가公家에 들어오는 것이 해마다 줄어든다"[18]고 하는 표현에서도 역시 공가는 국가나 공공기관을 의미한다고 하겠다. 따라서 "공가지병公家之兵"[19]이나 "공가지장公家之將"[20]은 모두 국가나 공공기관에 소속된 장수와 병사를 의미한다.

유사한 표현으로 "공가지재公家之財"라는 표현이 있다.

상왕이 병조와 승정원에 선지를 전하여 이르기를, "주상이 말씀하시되, '대비가 일찍 성녕誠寧을 슬피 생각하고 천도薦導하기 위하여, 승당僧堂을 대자암에 창설하고 시식하며 불경을 쓰려고 했다가 이루지 못하고 돌아가니, 선인의 뜻을 이루어 선령先靈을 위로하고자 한다' 하니, 내가 듣고 풍속을 해롭게 함이 없다 하고, 그 가진 바를 내어서 선한 일을 함은 매우 좋으니, 이제 공가의 재물[公家之財]을 쓰지 말고 본궁의 재물로서 승당을 짓게 하라" 하니, 조말생 등이 다 대답하여 말하길 "좋습니다" 했다.[21]

여기서 공가지재라는 표현에서 공가는 결국 관청을 말하는 것으로 이해된다. 한편 주목되는 것은 공가지재와 본궁지재本宮之財를 구별하고 있다는 점이다. 공가와 본궁이 대비되어 사용되고 있는데, 본궁은 바로 성녕대군의 제사 등을 관장하는 왕실에 부속된 곳을 의미하며, 본궁의 재물이란 결국 왕실의 재정을 지칭하는 것으로 보인다.

2-2나 2-3 유형에서 나타나는 공의 의미 역시 국가나 공공기관을 지칭하는 경우다. 한편 2-4의 경우 국가의 법 집행과 관련된 것이다. 법을 집행함에 공정해야 한다는 뜻으로 "전하의 법을 쓰는 공평함을 밝히고"[22]라든지 공개적인 증명을 의미하는 "공증公證"[23] 등의 표현과 함께 주목되는 것이 공기公器, 공법公法, 공죄公罪 등의 표현이다.

주목되는 표현이 공죄公罪다.

공公, 천하의 기준이 되다

대간臺諫의 관원들이 서로 보복하는 것을 금했다. 의정부에서 상소한 대략은 이러했다. "대간의 임무는, 옳은 것은 취하고 그른 것은 버리며 비위非違를 규찰糾察하여, 공도公道를 행하고 조정을 바르게 하는 것입니다. 그러므로 제수할 때마다 반드시 그 선택을 중하게 하는데, 근년 이래로 대간원이 혹 공죄公罪가 있어서 그중 한 사람이 탄핵을 당하면, 남은 사람들이 반드시 하자瑕疵를 찾아내어 도리어 핵문劾問을 가하여 보복을 행하려고 하기 때문에, 한 번만 과오가 있으면 경중을 논하지 않고 아울러 탄핵을 가하여, 그것을 잘하는 계책으로 아니, 선비의 풍습이 아름답지 못할 뿐 아니라, 이것으로 인하여 직사職事를 폐하게 되어 중임重任의 뜻을 저버리게 됩니다. 금후로는 대간의 원리員吏가 공죄公罪를 범하면, 해당되는 한 사람만 갖추 물어 사실을 가려서 신문하기를 전과 같이 하고, 자기의 잘못을 돌아보지 않고 다투어 서로 보복하는 자는 죄과의 이름을 기록하여 종신토록 서용敍用하지 마소서." 임금이 윤허하면서, "금후로 영令을 범하면 왕지王旨를 좇지 않는 것으로 논하겠다"라고 했다.[24]

의정부에서는 당시 대간 중 한 명이라도 공죄로 인해 탄핵을 당하면 동료들이 계속해서 하자를 찾아 보복을 가한다고 하면서, 차후에 공죄를 범한 경우 해당자에게만 신문하게 하는 것을 제도로 시행하자고 한 것이다. 공죄와 대비되어서 사죄私罪의 명목도 있었다.

무릇 관리로서 장형杖刑 이상의 공죄公罪를 범한 자와 탐오貪汚하고 불법하여 장형 이상의 사죄私罪를 범한 자 등은 논하여 모두 직첩職牒을 거두고 또 과전科田을 빼앗는데, 그중에서 과전에 오로지 의뢰依賴하여 살아가는 자는 하루아침에 갑자기 처자들이 굶주린다는 탄식이 있습니다. 비록 특지特旨가 있더라도, 그 과전에서 다만 3분의 1만을 줍니다. 신 등은 생각건대 사죄를 범하여 과전을 거두는 경우에는 옳으나, 공죄를 범한 자도 또한 탐오貪汚한 예例에 의하여 드디어 그 과전을 거두는 까닭으로 그 사람의 원망하고 탄식하는 마음이 들거나 화기和氣를 상합니다. 일찍이 직첩을 받았는데도 과전을 돌려주지 않은 경우에는 아울러 모두 돌려주어 원망과 탄식을 풀도록 하고, 이제부터 불충·불효한 것 외에 공죄公罪를 범할 때는 다만 그 죄만을 다스리고 과전은 거두지 말게 하소서.[25]

기존에는 장형 이상의 공죄公罪를 받는 자, 탐오하고 불법하여 장형 이상의 사죄私罪를 범한 자 모두에게 과전科田을 환수했다. 그런데 위의 글에서는 공죄를 범하는 경우에는 과전을 환수하지 말 것을 요청했다. 사죄는 탐오하고 불법한 죄를 지칭하고 있으며, 공죄에 대해서는 불충과 불효 이외의 것이라며 대비해서 설명하고 있다.

이 같은 공죄와 사죄의 분류는 전통 법체계에서 볼 때 주목되는 부분이다. 범죄를 이처럼 공죄와 사죄로 분류하는 방식은 중국 한나라 때부터 정착된 것으로, 이후 당률에서는 공죄에 대해 "공무로 말미암아 지은 죄로서 사곡私曲이 없는 것"이라고 정의하고 있다. 즉 공죄는 죄인이 공무를 맡은 관리여야 하며, 공무를 처리하는 과정에서 사사로움이나 불공정함이 없어야 했고, 실수나 착오로 인한 과실이어야 했다. 이에 비해 사죄는 "공무에 연유하지 않고 사사로이 자신이 범한 죄를 이르며, 비록 공무에 연유했을지라도 사욕을 채우기 위해 왕곡枉曲한 것"으로 규정하고 있다. 즉 사죄는 범인凡人의 상태에서 저지른 모든 범죄가 이에 해당되며, 또한 관리가 사익을 추구하기 위해 공무상 위법이나 부정을 저지른 범죄를 지칭했다.[26] 결국 공죄와 사죄의 구분은 주관적 범죄 동기를 가지고 구분한 것이다.

이렇게 주관적 범죄 동기에 따라 공죄와 사죄를 구분하다보니 그 논란이 있을 수밖에 없었다.

우사간右司諫 김신민金新民, 지사간知司諫 신자수申自守, 우헌납右獻納 최제남崔悌男, 우정언右正言 유효담柳孝潭 등의 관직을 파면시켰다. 의금부에서 '사간원이 국상國喪의 금형일禁刑日 안에 갑사甲士를 함부로 잡아와서 침학侵虐했으므로 율에 장 80대와 사죄私罪에 해당된다'고 아뢰니, 임금은 공죄公罪로써 논하려고 하여 다시 의정부에서 의논했다. 의정부에서 '사간원은 마땅히 관직을 파면해야겠지만, 사헌부도 또한 마땅히 관직을 좌천시켜야 하겠습니다'고 아뢰니, 그대로 따랐다.[27]

즉 의금부에서는 죄를 저지른 김신민 등을 사죄로 결정해서 올렸으나, 임금은 이를 공죄로 논하려고 했다는 것이다.

2-5에서 2-9까지는 물권의 귀속과 관련된 것이다.

㉠ 사헌부에서 상언上言하여 반역자의 노비를 관가에 몰수하는 법을 거듭 엄하게 했다. 소疏의 대략은 이러했다. "반역의 죄는 만세萬世에 용서할 수 없는 것이니, 가산과 노비를 관가에 몰입沒入하는 것이 고금의 상전常典이온데, 그 친족의 무리들이 틈을 타서 도로 받으니 심히 불가합니다. 신 등이 글을 올려 도로 속공屬公하기를 청했더니, 명령하시기를 '반역의 죄로 속공한 노비를 자세히 상고하여 다시 아뢰라' 하셨습니다."**28**

㉡ 부잣집[富家]의 곡식[粟]을 검색檢索했다. 의정부에서 아뢰기를, "각도의 부자들[富人]이 저축하고 있는 곡식을, 본호本戶의 인구人口를 계산하여 적으면 200석石, 많으면 300석을 적당하게 주인에게 주고, 그 나머지 잡곡雜穀은 관에서 그 수량을 기록하여 그대로 그 집에 두고, 만일 국가의 용도가 넉넉지 못하면 관에서 값을 주고 공용公用에 충당하고, 일이 없으면 도로 그 주인에게 돌려주소서." 하니 그대로 따랐다.**29**

㉠은 1401년(태종 1) 사헌부에서 상언한 것으로, 반역자의 노비를 관가에서 몰수하는 법을 신칙하자고 하는 내용이다. 내용에 따르면, 가산과 노비를 관가에 몰입하는 것을 속공屬公의 의미로 사용하고 있다. 여기서 관가=공을 칭하는 것이다. ㉡은 1409년(태종 9)에서 공용은 "국가의 용도가 넉넉지 못하면 관에서 값을 주고" 충당하는 개념으로 사

용하고 있다. 여기서 역시 공은 국가 내지는 관을 지칭하는 공적 영역을 칭하고 있음을 알 수 있다.

유형3 – 공·사의 상대성

유형3은 공사公私를 대비하여 사용한 용어를 정리한 것이다. 아래는 3-1에 포함된 공사처公私處에 대한 용례다.

사헌부에서 상소했다. "이제 노비를 공사처公私處에 중분中分하면 장차 서로 숨겨둘 폐단이 있을까 두렵습니다. 청컨대, 사천적私賤籍이 명백한 자는 종천從賤시키고, 불명不明한 자는 공처公處에서 비록 문적이 없더라도 아울러 속공屬公히게 하소서." 임금이 그내로 따랐다.[30]

사헌부에서 노비를 나눠줄 때 공사처에 나눠주면 은익의 폐단이 있을 수 있으니, 사적인 천적이 명백한 자는 종천시키고, 명확하지 않은 자는 속공하기를 청하는 내용이다. 공사처에서 공처는 바로 속공이라고 한데서 알 수 있듯이 관청이나 국가를 지칭하는 것으로 보인다. 이에 비해 사처는 개인을 지칭하는 것으로 판단된다. 관청=공으로, 개인=사로 보는 인식은 이미 앞서 여러 차례가 제시된 바와 같이 공사의 구분에서 가장 대표적인 사례다.

3-2 유형에 포함된 공사수해公私受害 역시 이와 같은 내용이다.

이조에서 계하기를, "여러 도道의 손실 위관損實委官들이 모두 그 지방의 건달들로 염치없는 무리이거나, 또는 아전 출신의 자들로 되어 있어, 이로 인하여 손실을 공정하게 조사하지 못해서 공사公私 간에 피해가 되고, 경차관敬差官도 또한 두루 찾아가서 검사하지 못하니, 금후로는 지방에서 전록田祿을 받는 여러 품관品官의 대소 인원大小人員에게 시키도록 하고, 만일 번상숙위番上宿衛라든가 병기검열兵器檢閱할 때에는 그 사유를 병조兵曹에 보고하여 시위별패侍衛別牌로서 공정하고 청렴한 사람을 가려서 차정差定하도록 하소서"하니 그대로 따랐다.[31]

손실 답험이 제대로 처리되지 않아 공사가 모두 피해를 본다는 것이다. 다만, 공=관청, 사=개인만을 지칭하지는 않는다. 아래의 내용을 살펴보자.

㉠ 재용財用을 넉넉하게 하는 방도에 대해 논하기를, "전하께서 풀로 옷을 해 입고 나무껍질을 먹어야 한다는 전교傳敎가 윤음綸音에 발론되었는데도 아래에 있는 사람들이 잘 도양導揚하지 못하고 있으니, 이것이 신이 개탄스럽게 여기는 이유인 것입니다. 신은 원컨대 금년부터 1년에 수입收入되는 재부財賦의 다소多少를 논할 것 없이 그것을 다섯으로 나누어 그중 5분의 1은 덜어서 남겨두고 나머지 5분의 4로 1년의 경용經用에 충당하게 해서 5년 동안 계속한다면 1년의 저축이 이루어질 것이고, 15년 동안 계속한다면 3년의 저축이 이루어질 것입니다. (…) 산과 바다 안에서 생산되는 어염魚鹽 가운데 사문私門으

로 들어가는 것도 모두 탁지度支에서 주관하게 한다면, 바다에서 굽고 산에서 주조하는 것의 이익이 흥성될 것입니다"라고 했다.[32]

ⓛ 은여결隱餘結이라고 하는 것은 각 고을의 기경 전답起耕田畓 가운데 거짓 진탈陳頉이라고 일컬으면서 공부公賦의 납입에서 누락된 것으로 수령의 사용私用으로 들어가는 것이 많기 때문에 사실대로 자수自首하게 한 것입니다. (…) 분정分定이라고 하는 것은 제도의 감영監營·병영兵營에서 각각 돈 몇 냥兩, 포목 몇 동同씩을 돌려가면서 바치게 하는 것입니다. 또 각 고을로 하여금 모양某樣에 의거 거두어들이게 하여 수군의 양미糧米에 충급充給하게 한 것도 그것입니다. 이를 시행한 지 반년 만에 원망과 비방이 사방에서 일어나 상서하여 불편함을 말한 것이 날마다 공거公車로 모여들게 되었습니다. 대저 군관軍官은 여러 해 동안 한유閑遊하던 나머지 갑자기 징포徵布당하기 때문에 원망하게 된 것이며, 수령은 은결隱結을 자수自首한 뒤 사용私用이 궁핍하기 때문에 원망하는 것이며, 해민海民은 정해진 세금이 조금 가벼워져 혜택이 진실로 큽니다만 중간에서 이익을 얻던 자들은 모두 거개 그 이익을 잃었기 때문에 원망하게 된 것이니, 원망과 비방이 사방에서 일어나는 것은 이세理勢에 있어 당연한 것입니다.[33]

㉠은 산과 바다 안에서 생산되는 어염魚鹽 가운데 사문私門에서 귀속되는 것을 탁지, 즉 국가의 관청인 호조戶曹에 귀속시키자고 한 것이다. 여기서 지칭하는 사문은 다름 아닌 궁방과 각 아문을 지칭하는 것이었

다. 해당 발언을 한 전라 감사 조현명趙顯命은 후일 「균역혹문」에서 이를 부연했는데, 먼저 어염에 대한 수세를 한漢나라의 수형水衡이나 당나라의 염철鹽鐵에 비교하면서 비난하며, 원래 수세하지 않던 어염에 징세하면 민원이 있지 않겠는가라고 하는 세간의 여론으로 자문自問한 뒤 이 논리의 부당성을 비판했다. 먼저 본래 어염선세가 탁지, 즉 호조에 귀속되는 것은 대전大典에 수록되어 있는 것으로, 이번에 단지 호조에서 균역청으로 이름만 바뀌었을 뿐이므로 아무런 문제가 되지 않음을 언급했다. 이는 징세 논리에 대한 역사적 당위성을 제시한 것으로 대전의 권위에 의탁해서 자신의 입장을 말했다. 이어서 그는 임진왜란 이후 절수折受의 법이 나타남으로써 어염의 이익이 모두 사문私門으로 돌아가고 국용에는 도움이 되지 않았다고 비판하면서, 지금 어염선세를 균역청에 귀속시킴으로써 아래로는 민업民業에 도움이 되고, 위로는 국용國用에 보탬이 될 것이라고 했다. 그리고 마지막으로 다시 한 번 강조하기를 결코 신법新法을 제정한 것이 아니라 국초의 옛 제도를 신명申明함으로써 양역의 폐단을 구하려는 것이고, 어염세를 감면함과 동시에 해민海民의 원망도 풀어줄 수 있게 되었다고 자평했다. 이 같은 조현명의 논리에서 주목되는 것은 절수를 하던 궁방과 아문 등을 사문私門, 그리고 그에 대비해서 균역청을 국용國用 내지는 민업民業을 상징하는 것으로 대비시켜서 말하고 있는 점이다.

ⓛ은 균역법 과정에서 포함된 내용 중 하나인 은여결隱餘結 항목에 대한 것으로, 은여결을 기존에 수령의 사용私用으로 표현한 것이다. 은여결을 균역법의 급대재원으로 확보하자는 주장은 이보혁에 의해서 제

기되었다. 그는 감필론으로 인한 급대재원으로 어염선세와 함께 수령의 사용私用을 보충재원으로 삼자고 했다. 즉 어염선세와 수령의 사용私用을 확보하면 수십 만 냥은 될 것으로 감필 부분에 충당하기에 족할 것이라고 했다. 여기서 수령의 사용이 바로 은여결이었다. 이보혁 이외에도 조현명 역시 은결법은 엄중한데 근래 자수하는 일이 없다고 하면서, 팔도 은결은 그 수가 심히 많으므로 그것을 조사해서 균역청에 속하게 하면 절실하다고 했다. 또한 정우량은 은결을 귀속시키는 것에 대해 보다 강한 의지를 드러내, 은결이 보고되면 수령 뿐 아니고 도신道臣까지도 함께 처벌하자고 주장하기도 하면서, 은여결을 호조에서 수세하도록 하고 이를 각 궁방과 아문에 분급하자고 주장했다.

이 같은 은여결의 균역청 귀속에 대해 평안도관찰사를 역임했던 조영국은 자신의 경험을 들어 시행에 난색을 표했다. 1750년(영조 26) 11월 23일 경연 자리에 입시한 조영국은 관서關西 지역의 전정田政은 문란하고 아록衙祿 및 사객지공使客支供은 원래 정해진 것이 없어 백성에게 징수해서 각고에 보관했다가 공사잡비로 사용한다고 했다. 그러면서 지금 다 빼앗으면 모양을 이루지 못하고 결국에는 백성에게 거둘 수밖에 없다고 했다.

조영국의 이런 논리는 은여결의 균역청 귀속을 반대한 논리 중 대세로, 이와 관련해서 조현명도 「균역혹문」에서 이 점을 지적했다. 조현명은 세간에서 은여결이 원래 불법이지만 이것이 이미 지방 재정의 하나로 정착되었고, 이를 토대로 민역民役을 덜어주고 있는데 지금 이를 모두 빼앗으면 지방도 모습을 갖추지 못하고 결국에는 백성에게 징수할 수밖에 없는 것 아닌가 라며 은여결의 균역청 귀속을 반대하는 여론을 스스로에게 물었다.

그리고는 답하기를 이는 분명 법외法外의 일로 요예要譽를 바라는 몇몇 수령의 불법이라고 지적하면서, 은결을 금하는 것이 이미 엄중할 뿐 아니라 은여결이 1결 이상이면 효수해야 하다는 앞선 민진원의 의견을 소개했다. 결국 은여결을 숨기는 지방에 대한 강한 처벌 의지를 드러낸 것으로, 지금은 은여결을 수색해서 균역청에 귀속시키는 것을 걱정할 것이 아니라 법망이 해이해져 각 읍에서 은익하는 것이 문제라고 했다. 위에서 이보혁은 은여결을 수령의 사용私用으로 표현했거니와, 조현명이 지적한 요예要譽 역시 수취행정에서 나타나는 수령의 자의적인 변통이어서 중앙의 재정과 상충되는 경우들이 많았다.

위에서 언급한 바와 같이 어염세는 사문私門의 귀속으로, 은여결은 수령의 사용私用 등으로 표현하고 있는 부분은 주목되는 내용이다. 어염세와 은여결이 이렇게 표현되는 데는 조선왕조의 재정 구조와 밀접한 관련이 있다. 조선왕조의 재정은 왕토사상에 근거하여 재원이 왕권에 집중되고, 국가의 공공업무를 수행하기 위해 그것을 재분배하는 전제국가의 중앙집권적인 재정을 이념으로 하고 있다. 조선왕조는 공공업무를 수행하는 대가로 개인에게 분배된 징수권을 소멸시키고 각 기관이나 궁방에 분배된 징수권을 최대한 억제하여 정규 조세 수입과 국고를 통한 지출을 확대해가고 있었다. 이 시기 궁방이나 각 아문을 사문으로, 각 지방의 재정 일부를 사용私用으로 표현하는 것은 그러한 흐름의 반영이었다.

이러한 논리대로 하면, 은여결이나 어염선세를 균역청에 귀속시킨 것은 사용私用 내지 사문私門에 귀속되던 것을 국용화國用化하려는 것이었다. 그렇다면 국용國用=공용公用 내지 공문公門에 귀속되는 것으로 정의해볼 수 있겠고, 결국은 국國=공公이라는 등식을 말할 수 있겠다. 이러한 등식이 성립된다면 이를 가능하게 한 논리를 추적할 필요가 있다. 즉 궁방이나 아문을 사문私門으로 또는 각 지방의 재정 일부를 사용私用으로 규정하는 논리적 기초가 추적되어야 한다는 것이다.

당시 군부君父=공公이라는 논리로 군부일체론君父一體論이 확산되었다. 이 논리에 따라 군부君父는 공공성公共性이 강화된 존재로서의 군부君父를 의미하며, 나아가 군君=국國=공公으로 그 외연을 확장해볼 수 있다. 이 논리는 조선시대 국왕이나 국國의 성격에 대한 충분한 검토가 이루어진 뒤에야 말할 수 있는 것이어서 조심스럽기는 하다. 사실 이 표현은 정치상 공공이성의 극치라고도 평가되는 이른바 공천하公天下 내지는 공국公國의 논리 속에 가능한 것이다. 영조대 균역법을 제정하면서 기존에 궁방이나 아문 또는 지방 재정에 충당되는 것을 사용 또는 사문으로 귀속된다고 규정하고 이를 국용함으로써 재정의 집권화가 가능했던 것은 국가나 군주의 공적 책임이나 공공성이 강화되었기 때문이 아닐까 한다. 이 점은 다만 공사론이 동심원적同心圓的인 상대성과 연속성을 갖고 있다는 점을 고려할 필요가 있다. 즉 돌덩어리를 던지면 수면 위에 동그라미를 발생시켜 동심원을 밀어내는 파문과 같다. 모든 개인이 파문과 같은 사회적 영향을 만들어내는 원의 중심이다.[34] 이에 따라 공의公義·공정公正·공평公平이라는 원리적이고 도의적인 '천하天下의 공公'에

서 '군주君主·국가國家·관부官府의 공公'은 공공이 되고 '사대부나 일반 백
성의 공'은 사私가 되는 구조다.[35]

유형4 - 도의적이고 윤리적 개념

유형4는 도의적이고 윤리적 개념을 정리한 것이다. 아래는 4-1의 사
례 중 공의公義와 관련한 용례다.

"신 등이 그윽이 생각하건대, 의義가 은의恩誼에 이긴 것은 공公이요,
은의가 의에 이긴 것은 사私이니, 공사公私에 사정私情의 분별은 곧 치
란治亂의 근원이므로 삼가지 않을 수 없습니다. 지금 제褆(양녕대군)
의 죄는 오직 성상을 속인 데 있으니 진실로 용서할 수 없으므로, 신
등과 공신功臣·대간臺諫이 합사合辭하여 죄를 청했으나, 전하께서는
사은私恩을 중하게 여기시어 그대로 두고 논죄論罪하지 않으시니 신
등은 매우 유감입니다. 우리 태종께서도 사은을 중하게 여기지 않은
것은 아니었지만, 대의大義로써 결단하시어 마침내 그를 국가에 맡기
셨으니 그 생각이 깊으셨습니다. 지금 임금을 속인 죄가 이미 드러났
는데도 전하께서 다만 사은으로써 공의公義로 처리하지 않으시니, 실
로 태종께서 국가에 맡기신 뜻에 어긋납니다. (…) 공의公義의 중함을
밝히고 사은私恩의 후함을 보이소서."[36]

공公=의義와 사私=은恩을 대비시켜 공의公義를 강조한 기록이다. 여기
서 공에 해당되는 의義는 개인의 사정에 얽매이지 않는 것을 지칭한다.

공公, 천하의 기준이 되다

위의 기록은 양녕대군의 처분에 대한 세종의 판단을 비판한 내용이다. 즉 세종과 양녕대군은 가족 관계로 보면 형제로, 이를 기준으로 한 판단은 사정私情, 은의恩誼 등이었다. 그리고 대신 태종이 3남인 충녕대군, 즉 세종에게 맡긴 것을 대의라 하면서 이와 같은 판단이 공의라 했다.

물론 공의公義 혹은 공의公議가 국가 혹은 관의 입장을 강조한 표현으로 사용되기도 했다.

대사간 이경휘李慶徽가 말하기를, "지난 상란喪亂 시절에 형제를 잃은 슬픔이 있었으나 조정에 선 이후로는 혹 사신을 응접할 일을 당하면 부득이 공의公議를 생각하여 사정私情을 나타내지 못하고 참아오기 한두 번이 아니었습니다. 지금 필원의 상소문도 오로지 공사 경중公私 輕重만을 가지고 한 말인데, 청죄請罪의 논의가 나올 때마다 격렬해지고 있으니 어떻게 감히 그 사이에서 가타부타하겠습니까" 하고, 정언 조원기도 말하기를, "필원의 상소는 조정 체례體例를 높이자는 뜻에서 나온 것입니다. 그의 학술이 거칠고 견식이 정확치 못하다고는 할지라도 그의 당초 마음이야 어찌 다 지금 논의하고 있는 자들의 말과 같겠습니까" 하며, 모두 따르지 않았다.[37]

위에서 공의公議는 사신을 응접하는 일을 지칭하고 있다. 이 같은 공적인 일을 공의公議 혹은 공의公義 등으로 칭하기도 했으나, 대개는 천리지공天理之公의 이념이 구현된 의리를 공의라고 했다.

이밖에도 유형4에서는 공정이나 공평 등의 윤리적인 원칙 등이 제시되고 있음이 확인된다. 여기서 공평하다는 것은 무엇을 의미하는지 살펴보기로 하자.

세록世祿은 왕이 된 자가 선비를 대접하는 것이니 고르게均 하지 않을 수 없습니다. 우리나라에서 전조前朝의 사전私田의 폐단을 혁거하고 기내畿內의 과전법科田法을 설치하여 공경대부公卿大夫로부터 사士에 이르기까지 아울러 전토를 받으니, 이 법은 문왕文王이 종사從仕하는 자에게 세록世祿을 주던 아름다운 뜻입니다. 그러나 이를 맡은 자가 성의聖意를 본받지 아니하여, 이에 공평정대한 법을 가지고 도리어 후하고 박하게 하거나 먼저 주고 뒤에 주는 짓을 합니다. 그러므로 사환仕宦한 지 여러 해이지만 마침내 1경頃의 땅도 얻지 못한 자가 간혹 있으니, 진실로 미편未便합니다. 원컨대 이제부터 전토를 나눠줄 때 대간 1원員으로 하여금 서로 번갈아 참석하여 그 앞에서 수전受田의 많고 적음을 헤아리고 그 사진仕進한 전후를 고찰하도록 하여서로 모람冒濫되지 않도록 한다면, 많이 받은 자는 감히 틈을 엿보지않을 것이요, 받지 못한 자는 비로소 성상의 은택을 입을 것입니다.[38]

세록은 왕이 선비를 대접하는 것으로 균등하게 분배되어야 함에도 불구하고, 후하고 박하게 하거나 먼저 주고 뒤에 주는 짓을 하는 것은 공평정대하지 않다는 지적이다. 이는 과전법의 운영과 관련된 것인데, 여기서 공평은 공경대부로부터 사에 이르기까지 정해진 원칙에 따라 분급되어야 함을 지적한 것이다. 주목되는 것은 이같이 공평정대하게 하는 것이 곧 본래의 취지인 균등하게 하는 것을 의미한다는 점이다. 공평=균이라는 논리는 조선조 국가의 운영원리의 하나로 작동한 기제였다.[39]

3.
'공' 인식의 갈래

공도公道

공도公道는 '공公'과 '도道'의 결합으로 이루어진 용어다. 앞서 언급했듯 동양 사회에서 공의 의미는 다양한 함의를 가지고 사용되었다. 중국의 경우는 정치적이고 사회적인 공의 의미로서 '공통共通' 혹은 국가나 군주 등 지배 기구와 관련되어 사용되다가 송대에 이르러 윤리적이고 도의적 개념이 침투하면서 이를 포함하기에 이르렀다. 이로써 조정이나 국가의 공은 공의公義나 공정, 공평이라는 원리적이고 도의적인 '천하의 공'으로 스스로를 정당화했다.[1] 여기서 바로 공 담론이 지향하는 바가 정리된다고 해도 과언은 아니다.

한편 '공도'를 형성하는 단어 가운데 하나인 '도道'는 노자에게서 출발했다. 노자 사상에서 도는 최고의 범주이며 핵심 개념이다. 노자에게 도는 우주자연관으로 드러날 때는 우주의 본체에 대한 인식의 표현이었고, 사회나 정치 등에서 드러날 때는 사회 규율에 대한 총체적 견

공公, 천하의 기준이 되다

해로 나타났다.[2] 노자의 이 같은 도道 개념은 이후 같은 도가인 장자莊子를 비롯해 유가인 순자, 법가인 한비자 등에 영향을 주었다. 그러면서 공과 합해져서 '공도'라는 용어가 되고 이것은 결국 정치 준칙이나 법도 개념으로 사용되면서, '규율規律'이나 '보편성普遍性' '공공성公共性' 등의 의미로 사용되었다.[3]

그렇다면 조선시대 '공도'는 당대인들에게 어떤 의미로 인식되었을까? 또 공도를 적극적으로 논의한 주체는 누구이며 그 의도는 무엇일까? 아래에는 일단 이 문제에 대한 이해를 위해 조선왕조실록에 등장하는 공도公道의 용례를 추출해보았다. 주지하는 바와 같이 실록의 내용 구성이나 기사 작성 방식 등은 역사적 상황이나 조건 등에 따라 변화되었다. 예를 들어 사림정치가 본격화된 시기인 신조 초반에 만들어진 『명종실록』에 사림의 포폄 의식이 반영된 사평史評이나 사론史論이 상당수가 수록된 것이라든지, 선조나 현종, 숙종, 경종의 경우에는 수정실록이 작성된 것 등은 역사적 상황이 실록 기록에 반영된 결과라 하겠다. 이런 몇 가지 사실을 통해서 볼 때 실록은 각각의 시대가 지향하는 사고나 의식 등을 반영—이를 시대정신이라고 할 수 있지 않을까—한 기록이라고 하겠다. 그런 점에서 비록 한계는 있으나 실록에 등장하는 공도라는 표현의 추이를 살핀다는 것은 각 시기별 변화의 모습을 추정하는 데 유용한 방법일 것으로 생각된다.

아래는 조선왕조실록에 등장하는 공도의 기사 건수를 각 왕대별로 나타낸 것이며 그리고 왕대별 연평균 수치를 정리한 것이다.

〈표2〉 조선왕조실록에 나타난 공도의 왕대별 추출 건수

왕대별 재위기간년	추출 건수	연평균 추출건수 추출건수 재위기간	왕대별 재위기간년	추출 건수	연평균 추출건수 추출건수 재위기간
태조/7	5	1.40	광해군/14	74[4]	5.28
정종/2	2	1.00	인조/27	90	3.33
태종/18	37	2.05	효종/10	25	2.50
세종/32	60	1.87	현종/15	25[5]	1.66
문종/2	4	2.00	숙종/46	76[6]	1.65
단종/2	11	5.50	경종/4	1	0.25
세조/14	8	0.57	영조/52	50	0.96
예종/1	2	2.00	정조/24	11	0.45
성종/25	84	3.36	순조/34	4	0.11
연산군/11	43	3.90	헌종/15	3	0.20
중종/39	166	4.25	철종/14	1	0.07
인종/1	2	2.00	고종/44	24	0.54
명종/22	120	5.45	순종/3	0	0.00
선조/41	83[7]	2.02	계/505	1,011	2.00

위에서 보듯이 조선왕조실록에 '공도'는 전체 1011건이 확인된다. 이
중 표면적인 수치만 놓고 볼 때 중종과 명종대에 가장 많은 빈도수를
보이고, 이어 인조 〉 성종 〉 선조 〉 숙종 〉 광해군 순으로 많은 빈도수
를 보이고 있다. 조선시대를 전기, 중기, 후기로 구분한다고 할 때 전체
적으로는 중기에 해당되는 연산군~현종 연간까지 모두 628건이 등장
하여 전체의 62퍼센트를 차지하고 있다. 이어 조선 전기 〉 조선 후기 순
으로 나타난다.

공公, 천하의 기준이 되다

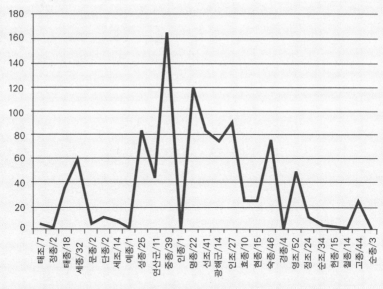

공도의 추출 건수

한편 이를 각 왕대별 연평균 수치로 정리해보면, 전체적으로는 연평
균 2건 정도로 나타난다. 왕대별로 차이를 보이기는 하지만 함께 작성
된 공론公論보다는 그 변화의 폭이 적다.

즉 공론의 경우 전체 연평균 8.14건인데 중종대나 명종대는 연평
균 30건 이상의 수치를 보이고 있다. 공론의 왕대별 급격한 변화는 여
러 부분에서 시사하는 바가 크다. 학계에서도 이 점에 주목, 공론이 대
체로 성종대 이후에 상당히 중요한 정치 운영 요소이자 그 실현이 강조
되고 있다고 말해지고 있다. 공도는 공론에 비해 상대적으로 변화의 폭
이 적으며, 전 시기에 걸쳐 고루 사용되었다고 할 수 있겠다.[8] 변화의 폭
이 적다고 하여 공도가 내포하는 의미가 적다고 할 수는 없다. 오히려

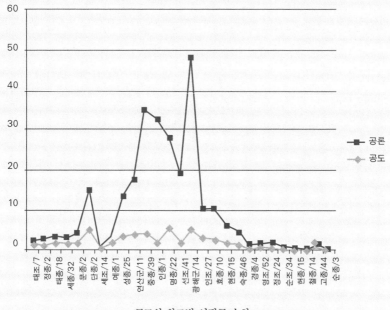

공도의 왕조별 연평균 수치

꾸준히 지속되는 용어의 사용 속에서 그 의미 변화를 추적하는 작업이
필요하겠다.

각 왕대별 연평균 공도의 추출 건수를 볼 때 연평균을 상회하는 왕
대는 전기에는 태종과 단종, 예종, 성종 등이며, 중기에는 연산군~효종
연간까지 모두 이를 상회하지만 현종대의 경우는 1.66건으로 나타나고
있다. 그리고 후기라고 할 수 있는 숙종대 이후가 되면 대부분이 연평
균 이하로 나타나고 있다. 이중 재위 기간이 짧은 정종이나 문종, 단종,
예종, 인종, 경종 등은 연평균을 상회하거나 또는 평균 이하를 보이고
있으나 사실 역사적 의미를 부여하기가 쉽지는 않다.

그렇다면 이 같은 공도의 추출 건수에 나타나는 것은 무엇을 의미할까? 이 부분은 공도의 발화자發話者와 관련해서 이해하면 흥미로운 결론에 도달한다. 공도가 표현된 기사를 보면 조선 전기와 조선 중기는 주로 언관이나 유생들이 공도를 지적했다. 예를 들어 태종대의 경우 전체 37건 중 2건을 제외하고는 모두 언관이나 관료들이 언급했고, 세종대의 경우는 60건 전체가 역시 이들이 언급한 부분이다. 태종대에 37건 중 2건은 국왕이 언급한 것이다.

한편 전기와 중기 사이에서도 변화의 모습이 감지되는데, 전기에는 주로 언관들이 법 집행과 관련해 공도 실현을 언급했다. 조선 중기에도 이런 예들은 상당수 발견되지만 이와 함께 유생들의 입을 통해 공도 실현이 언급되고 있다는 점은 변화의 모습이라고 하겠나. 조선 중기에 유생층까지 공도의 담지 층이 확대되었음을 의미한다고 보이는데, 이는 당대 사회에 공도에 대한 이해가 심화됨과 함께 "공도의 실천이 사기士氣의 진작"[9]이라는 인식이 팽배해진 상황과 밀접한 관련을 갖는다.

이에 비해 조선 후기에 이르면 공도라는 표현이 이전 시기에 비해 상대적으로 축소되었다. 그리고 국왕이 언급한 비율이 상대적으로 증가하고 있다. 숙종의 경우 "근래 공도가 날로 사라지고 사의가 날로 성하다"[10]라고 하거나 "탕평의 공도"[11]라고 하여 공도를 언급하고 있다. 영조의 경우도 "탕평蕩平할 마음을 품고 공도公道에 힘써야 한다"[12]는 것과 같이 공도를 언급했다. 숙종 연간의 경우 이 같이 국왕이 언급한 것이 전체 76건 중 18건이고, 영조대는 50건 가운데 13건으로 확인된다. 이런 모습은 조선 후기에 이르러 국왕 스스로 공도의 담지자임을 드러내고

자 하는 의식이 강해졌음을 보여주며, 성리학에 대한 인식의 저변이 확대된 결과라 하겠다. 즉 조선 후기에 이르면 공공성이 강화된 존재로서 군부君父가 주목되는 가운데 군君=국國=공公 논리가 확립되며 국가나 군주의 공적 책임이나 공공성이 강화된 결과다.[13] 한편 조선 후기의 경우에도 순조대 이후에는 연평균으로 볼 때 1건 이상도 되지 않는 모습으로 나타난다. 이 점은 숙종대 이후 정조대까지 공도론의 내용과는 다른 의미로 접근해볼 수 있다. 이 시기 이른바 '민중적 공론'이 등장한다는 연구까지 제출되는 것을 보면[14], 국왕이나 관료 혹은 사림들이 주체가 되어 실현하고자 했던 공도가 다른 방향에서 논의되는 상황과도 관련된 것이다.

그렇다면 조선 전기에 공도라는 표현에는 어떤 의미가 내포되어 있었을까? 먼저 주목되는 것은 공도公道=법法이라는 의미로 사용되었다는 것이다. 예를 들어 1452년(문종 2) 3월 호조판서 윤형과 예조판서 이승손 등은 부마인 의산위宜山尉 남휘南暉의 처벌을 요청하면서 "법은 공도다法者公道也"[15]라고 했다. 불법을 저지른 남휘에 대해 부마라 하여 일반인과는 다른 법 적용을 지시하자 이 같은 지적이 있었던 것이다. 즉 윤형 등이 법을 공도라고 하면서 문종의 처사를 사정私情으로 규정했던 것이다.

이밖에도 법은 "천하공공지물天下公共之物"이라 표현되면서 사私와 친親으로서도 폐할 수 없는 것[16]으로 표현되기도 했고, 1409년(태종 9) 4월에는 지평 조서로 등이 민무구와 민무질 등을 법에 의해 처단할 것을 주장하면서 법을 "천하지공天下之公"이라 표현하기도 했다.[17] 또한 법은

공公, 천하의 기준이 되다

"만세공공지기萬世公共之器"라고 표현되기도 했다.[18] 여기서 법은 법령 혹은 제도를 의미하기도 하지만, 그보다는 인간의 자연적 본성에 근거한 천리天理 혹은 인정仁情[19] 등과 같은 의미로 파악된다. 그리고 법을 공도나 천하지공 등으로 표현한 것은 법 집행의 공정성 내지 공평성을 함축하고 있는 것이다. 즉 당시 논자들에게 법은 국가 운영을 위한 법령이나 제도라는 의미와 함께 천리나 인정을 의미하며, 동시에 법 집행에서 공정성과 공평성을 의미한다고 하겠다.

조선 전기 실록에서 표현된 공도의 상당수 지적들이 이 같은 법의 집행과 관련해서 언급되고 있다. 예를 들어 태종대인 1406년(태종 6) 상당후上黨候 이저李佇의 문제를 둘러싸고 사간원 등에서 공도의 구현을 지적한 바 있다. 이저는 태종의 부마로 1404년(태종 4) 10월 부친 이기 이李居易 등과 함께 태종의 시해를 모의했다는 이유로 귀양형에 처해졌던 인물이다.[20] 이저는 그로부터 얼마 지나지 않은 같은 해 10월 24일에 폐서인廢庶人의 처벌을 받았다.[21] 당시 대간을 비롯한 많은 조정의 관원은 그의 정법正法을 주장했으나 국왕이 받아들이지 않았다. 오히려 이저는 처음에는 함주咸州에 유배되었다가 얼마 지나지 않아 이천利川으로 옮겨졌다가 다음 해인 1405년(태종 5) 6월에는 그의 입경入京이 논의될 정도로 파격적인 대우를 받았다.[22] 그리고 실제로 같은 해 6월 7일에 입경했고, 1406년(태종 6) 그에게 관직 제수를 위해서 고신告身을 환급했으며, 같은 해 윤7월에 다시 입경했다.

이러한 국왕의 처사에 대해서 사헌부 등 관원들은 그것의 부당함을 지적했으나, 태종은 끝내 그 명령을 철회하지 않았다. 당시 대간을 중심으로 한 신료들은 이저의 죄는 왕법王法으로써 용서할 수 없는 것인데, 이저에 대해 이같이 대우하는 것은 국왕의 사은私恩이라고 규정하면서, 공도의 실천을 주장했다. 한편 이 같은 논란 속에 주목되는 것은 태종 역시도 자신의 이 같은 행동을 사은이 아니라 공도公道라고 하고 있다는 점이다. 태종이 이를 공도라고 표현한 이유는 부자父子의 죄는 서로 미치지 못한다는 이른바 연좌제를 적용할 수 없다는 것이었다. 그러나 태종의 논리는 당초에 부자의 죄를 가리지 않았다는 대간들의 논리로 본다면 궁색한 면이 없지 않다. 결국 태종은 대간들의 계속된 공방 속에서 정사를 중지하고 승정원의 문을 닫는 강경책을 통해서 대간의 입을 막으려고 했다.[23] 언관들의 공도 실현이라는 주장에 대해 국왕들은 태종의 경우처럼 스스로 공도를 언급하여 대처하는가 하면, 후술하는 바와 같이 공론의 주체를 의정부로 보고, 의정부에 내려 논의하게 함으로써 언관들의 주장을 차단하는 일들이 자주 발생했다.

국왕의 법 적용에 대한 논란은 이후에도 여러 차례 있었다. 태종대에 원경왕후의 동생인 민무구의 처벌을 둘러싼 논란을 비롯해 관련자인 정남진의 처벌 등이 그 예라 하겠다. 이후 세종대에는 즉위 초 원종공신인 강상인의 처벌을 비롯해 양녕대군의 처리 문제, 조말생의 처리 문제 등에서 국왕과 특히 대간은 논란을 거듭했다. 이때마다 대간들은 공도를 거론하며 엄격하고 공정한 법의 집행을 요청했다.

법 집행에서의 공도公道의 적용은 주로 대간들의 입을 통해서 제기되었으며, 그 대상은 주로 국왕의 인척이나 공신, 측근 등에 대한 것이었다. 이들과 관련해 공정한 법 집행의 취지에서 관련 법규가 논란이 된

적이 있었다. 즉 1425년(세종 7) 12월 10일 대사헌 김익정金益精 등이 건국 초에 녹훈된 삼공신三公臣 자녀들의 사죄私罪에 대해서는 『대명률』을 근거로 처벌하여 공도公道를 보전하자고 주장한 바 있다. 당시 김익정 등이 건의한 내용은 공신의 자손으로 사죄를 범한 자는 즉시 이조에 공문을 보내 명부에 죄명을 기입하게 하고 삼범三犯은 법률대로 시행하며 원종공신과 그 자손은 재범하면 처벌하자는 것이었다. 김익정 등의 주장의 근거는 대명률로, 이를 시왕時王의 제도라 하여 시행하자고 건의한 것이었다.[24] 김익정 등의 건의는 의정부와 육조의 논의를 거쳐 시행하는 것이 타당하다는 내용으로 국왕에게 의견이 올라갔으나, 세종은 "이때에 해야 할 일이 아니다"라며 이를 보류시켰다. 사죄에 대한 제재 조항마저 받아들여지지 않은 상황은 이 시기 공도 실현의 특성이자 한계를 보여준 것이었다.

법 집행에 공도公道를 적용하려는 노력은 상벌의 적용에서도 그대로 드러났다. 즉 건국 직후인 1392년(태조 1) 7월 20일 사헌부에서 상소를 올렸는데, 여기서 "상주고 벌주는 것이 공평하면 공도公道가 밝아진다"라고 했다.[25] 상벌은 "인군의 큰 권병權柄"[26] 혹은 "정사의 큰 권병權柄"[27] "인주人主의 권병權柄"[28] 등으로 표현되면서 군주의 대표적인 권한으로 강조되며, "세상을 다스리는 대기大器"[29]라 하여 국왕 치세를 위한 대표적인 수단으로 언급되기도 했다. 나아가 이런 군주의 권한이 아래, 즉 신료 집단에게 이양되어서는 안 된다고 강조되었다.[30]

국왕들의 공정한 상벌 집행에 대한 노력이 실제로 행해지기도 했다. 예를 들어 1393년(태조 2) 5월 양광도 안렴사 조박趙璞이 관직의 해임을 요청한 적이 있었다. 이때 조박은 자신이 1등 공신에 참여한 것도 외람되는데 한 도道를 맡기니 모기가 산을 짊어진 것과 같다며 사면을 요청했다. 이에 대해 태조는 자신이 인사를 공정했다고 하면서 신하에게 비록 칭찬하는 사람이 있더라도 반드시 살피며 비록 훼방하는 사람이 있더라도 반드시 살펴서 꼭 그 실상을 알아본 뒤에 상벌을 시행했다고 자평했다.

그러나 현실은 그렇지 못했다. 상벌 집행을 공명정대하게 하라는 지적이 자주 등장하는 것이 일단은 이 점을 상정케 하는 부분이다. 1432년(세종 14) 12월 뇌물을 받고 매관매직을 한 혐의를 받았던 조말생의 사례[31]라든지 1439년(세종 21) 사신으로 가서 개인적인 이익을 취했다고 혐의를 받은 고득종의 사례[32], 1451년(문종 1) 역시 매관매직의 혐의를 받았던 김세민의 사례[33] 등 적지 않게 등장한다.

이상에서 살펴본 바와 같이 특히 대간들을 중심으로 국왕의 인척이나 공신, 측근 등에 대한 법 적용이나 상벌의 공정성과 공평성을 담보하기 위한 차원에서 공도가 거론되었다. 그런 점에서 일단은 언관들의 공도 실현이라는 주장은 국왕의 자의적인 법 집행이나 상벌의 시행 등을 견제하기 위한 것이었음을 알 수 있다. 그러나 언관들의 공도 실현에 대한 주장은 결국 당시 국왕이나 대신급 관원들에 의해서 제한되었다. 국왕이나 의정부로 대변되는 대신급 관원들의 견해가 공론으로 받아들여지는 상황에서 필연적으로 등장할 수밖에 없었던 양상이겠다.

공公, 천하의 기준이 되다

공론公論

공론과 관련하여 그 개념이나 주체 등에 대해서 역사학이나 사회과학계에서 상당수의 연구가 진행된 바 있다. 이런 가운데 공론의 개념은, 대개 "다수의 의견"을 비롯해 "천리天理를 구현하는 의논" 등으로 정의되고 있다.[34] 이러한 지적은 대체로 타당하다. 다만 이와 같이 공론이라는 개념을 정의한다고 해도 누가 주도하느냐에 따라 성격이 달라질 수 있겠다. 즉 "천리를 구현하는 의논"으로써의 공론 개념이든 "다수의 의견" 또는 "정치에서 주도적인 의논"[35] 정도로 이해한 개념이든 당시의 정치 주도층의 성격, 그리고 그들이 제시한 공론의 개념을 정리하는 것이 당대의 역사상을 이해하는 데 타당하지 않을까 생각된다.

성리학을 집대성한 주희는 공론을 "천하의 만 사람이 하나같이 말"하는 것으로 정의하고, 천리에 순응[順天理]하며 인심에 부합[合人心]하는 것이라 했다. 이는 선진先秦시대 정치의 정당성을 확보하는 요소였던 천명天命과 민심民心을 '지양'한 것이었다. 천명은 시공간적 보편성과 도덕적 공정성을 담보하는 개념인데, 그 인식 가능성과 실재 여부가 문제되었다. 민심은 인식 가능성을 담보하는 개념이기는 하나 그 공정성이 의심되었던 것이다.[36] 주희는 이들 양자를 '지양'하여 공론 개념을 정립했으며, 이후 공론은 정치적 정당성을 판단하는 중요한 가치로 자리 잡게 되었다.

주희가 정립한 공론은 개인의 편견과 사심私心에 대비되는 것으로, 천리天理와 인욕人慾으로 대비되는 공·사론의 확장이었다. 따라서 주희의 공론 개념에는 '공公'에 대한 입장이 전제되었다. 천지만물天地萬物의

일체一體를 실현하는 것으로 해석되는 주희의 '공公' 관념은 단지 윤리적 차원에 그치지 않고 정치사회 이론으로 확장되면서 보편성과 평등성을 지향하며 정치질서의 담당자를 군주와 관료에 국한하지 않고 사대부와 일반 백성에게로 확대했다.[37]

주희가 정립한 공론의 개념은 조선에도 그대로 적용되어 정치 명분으로 강조되었다. 16세기 중반 이이李珥는 "인심이 똑같이 옳다 하는 것[人心之所同然者]을 공론이라 하고 공론의 소재를 국시라" 하여 이를 다시 확인했다.[38] 이이가 지적한 "인심이 똑같이 옳다 하는 것"는 주희가 지적한 '순천리順天理' '합인심合人心' '천하지소동시자天下之所同是者'를 한마디로 응축시킨 개념이라 하겠다. 이이는 정치적 권위체를 민심과 성인[君師], 천명 등으로 설정했다. 이중 민심은 정권의 향배에 큰 영향을 끼치기는 하지만 성인의 양육과 지도가 필요한 존재라는 점에서 궁극적 권위체가 될 수는 없었다. 우주 자연의 인격적 주재자인 천명의 경우도 궁극적 권위체가 되지 못했다. 일단은 성인 또는 성왕聖王을 궁극적 권위체로 인식했는데, 이는 '우주 자연의 존재원리를 계승하여 인간이 표준을 확립하는 존재'이기 때문이었다. 다만 시간이 지나면서 성인→성인으로 이어지는 계승 관계가 되지 못하게 되면서 도통道統과 대통大統이 분리되자 현실적인 정치적 권위체는 사림士林에게 귀결되었던 것이다. 공론의 주재자를 사림으로 설정한 이유다.[39] 이이가 자신의 저작인 『성학집요』에서 보편적 인간에게 적용시킬 수 있는 성리학의 논리를 설명하면서 군주를 사대부의 일원으로 자리매김하여 사대부 논리의 실현자로 설정하고 그 안에서 사대부 논리를 따라야 하는 존재로 만들었던

이유다.[40]

조선 전기부터 이미 공론과 관련한 지적은 다수가 확인된다. 예를 들어 1421년(세종 3) 8월 좌의정 박은이 상왕인 태종에게 상서한 글 가운데, 앞서 양녕대군을 폐위시킨 일을 회고하면서 태종이 맏아들인 양녕대군을 세자에서 폐위시킨 것은 공론에 의거한 것이고, 양녕대군에게 자신이 공론에서 용납되지 못했음을 알게 한다면 공도에 있어 다행한 일이라고 했다. 결국 양녕대군의 폐위는 공도를 위한 것인데, 그것이 공론에 의거했음을 말하고 있다고 하겠다.

한편 박은의 상소에서 보이는 공론은 "다수의 의견"이라는 의미와 함께 "공변된 논의" 또는 "준칙"이라는 의미를 포함한다. 특히 후자의 측면에서만 공론이 언급된 경우도 있어 주목된다. 예를 들어 1398년(태조 7) 6월 감예문춘추관사 조준 등이 고려의 공민왕대에서 공양왕대까지 실록을 편수한 뒤에 태조에게 즉위년 이후부터 일도 사초史草를 거두어 보라고 권한 적이 있었다. 이때 사관 신개 등이 조준 등의 이러한 처사에 대해서 부당하다고 상소했는데, 그 상소에서 1395년(태조 4) 사초를 보려고 하다가 그친 일을 들어 설명하면서 "일대의 입법이 엄했으며, 만세萬世의 공론公論이 성취되었다"고 했다. 여기서 신개 등이 언급한 공론이라는 표현은 공변된 논의 또는 일종의 준칙이 되는 논의였음을 알 수 있다.

이 같은 조선 전기 공론의 주체에 대해서는 많은 연구가 진행되었다. 이에 따르면 주로 국왕이나 조정 대신들이 공론의 주체임을 언급했다. 그렇다고 하여 대간이 공론의 주체라고 하지 않는 것은 아니다. 실록에 대간이 공론의 주체라는 지적은 자주 등장한다. 예를 들어 대성臺省은 인주의 이목과 같은 기관이요 공론이 있는 곳이므로[41] 고위 관원들에 대한 서경署經도 가능하게 해야 한다는 주장이 일찍부터 제기되었다.[42] 관원이나 선비들의 풍기를 바로잡자는 취지였다.

또한 조선 전기에는 향인鄕人의 공론 혹은 사림의 공론이라는 표현도 등장한다. 예컨대 1429년(세종 11) 예문관 봉교 최자연과 성균관 박사 최맹하 등이 상서한 적이 있다. 이때 상서 내용은 상주 사람인 봉상직장 겸 성균박사 엄간嚴幹이 어버이 봉양에 효를 다하고 있으니 그를 장려하자는 것이다. 이때 최자연 등은 엄간에 대해서 자신들이 알 뿐만 아니고 일향一鄕 사람들의 공론公論도 있음을 언급했다.[43] 또한 1449년(세종 31) 3월 16일 판중추원사 남지南智가 사직을 청하는 상서를 올리면서 자신은 국왕의 은혜도 저버리고 사림의 공론도 저버렸다고 언급한 바 있다.[44]

그러나 이와 함께 의정부로 대표되는 재상들이 공론의 소재처라는 표현도 자주 등장한다. 1407년(태종 7) 11월 사간원에서 사헌부 대사헌 안원을 탄핵한 적이 있다. 안원이 대간 공동으로 참여하는 탄핵에 참여하지 않았기 때문이었다. 사간원의 탄핵을 계기로 국왕이 직접 대간을 불러 묻기도 했으나, 결국 안원으로 하여금 직무를 수행하도록 했다. 그러자 대간에서 다시 대궐에 나아가 이 문제를 거론하니까 태종이 직접 유양을 통해 의정부에 전지를 내려 대간의 뜻을 들어줄 의지가 없음을 말하면서 정부는 공론이 나오는 곳이라고 했다.[45]

이밖에도 1411년(태종 11) 8월 황거정과 손흥종에 대한 법률 적용을 둘러싸고 제기된 논란 또한 그 예로 들 수 있다. 태종은 당시 이 사안을 의정부에서 심의하게 하면서, 그 의도는 공론을 듣기 위한 것이라고 했다.[46] 즉 의정부의 말이 공론이라는 입장이 전제된 것이다. 이런 예는 비단 태종대에 국한되지 않는다. 1442년(세종 24) 9월 김전을 집의에 제수한 것을 좌정언 이휘가 문제 삼자, 김전을 집의로 삼은 것은 특별한 은전에서 나온 것이 아니라고 하면서 이에 대해 공론이 있을 것이니 의정부와 의논해보겠다고 했다.[47] 이 역시 의정부가 공론의 소재처라는 의식이 전제된 것이었다.

의정부 단독으로도 공론 기관으로서 역할을 했지만 대간과 함께하는 것이 공론이라는 인식도 있었다. 1428년(세종 10) 1월 좌사간 김효정 등이 국왕에게 제출한 계에서 국왕을 속이고 불경한 양녕대군의 죄를 다스리자는 주장은 의정부와 육조 그리고 대간 등이 공론으로 말하고 있으나 국왕은 사정私情으로 듣지 않는다고 했다.[48] 또한 1441년(세종 23) 윤11월 집현전 부제학 최만리 등이 흥천사 사리각 경찬회를 혁파하자고 주장하면서, 자신들이 청한 것이 두세 번이고, 대간에서 간한 것도 1번 이상이며, 육조와 대신들도 함께 청하니 이는 일국의 공론이라고 했다.[49] 이 같은 의정부 대신을 포함한 재상들의 의견이 공론이라는 인식은 결국 대간들의 공론에 대한 제한으로 이어졌다. 대간보복법의 폐지나 풍문탄핵법의 미진함은 이를 입증한다고 하겠다.

주희가 제시하고 율곡이 다시 확인한 공론의 개념은 18세기 조선 사회에서도 여전히 유효했다. 1689년(숙종 15) 강민저는 인현왕후의 폐출과 관련된 장희재와 민암의 처벌을 주장하면서 공론에 대해 언급하기를 "신이 듣기에 천하에 당연하다고 말하는 것을 공론이라고 합니다"라고 했다. 그리고 이는 인심에 근거하는데, 모든 나라의 큰일은 비록 여대興儓 하천下賤이라도 모두 시비의 소재를 알고서 마치 한 입에서 나온 것과 같이 서로 모의하지 않았는데 동의한다고 하며 이것이 비로소 한 나라 인심에 따른 공론公論이라 했다.[50]

1727년(영조 3) 5월 희정당에 입시했던 장령 강일규姜一珪는 경종 연간 김일경金一鏡과 함께 노론 축출과 관련한 상소를 올렸던 이진유나 박필몽 등 이른바 소하오적疏下五賊에게 국법을 시행할 것을 청하는 가운데, 이들의 처벌은 "일국의 민심이 함께 옳다 하는 것"인 공론으로, 이러한 "일국공공지론一國公共之論"은 군주도 막을 수 없다고 했다. 이에 대해 영조는 강일규 등의 주장이 일국 민심에서 나온 것이 아니기에 윤허하지 않는다고 했는데, 사간 신처수申處洙는 영조의 이 같은 발언은 신료들을 믿지 못하기 때문이라고 한 바 있다.[51] 1756년(영조 32) 진사 유한사兪漢師 등이 제출한 연명 상소에서 공론은 인심에 있고, 천리에 근본하며 병이秉彝에 뿌리를 둔다는 지적도 마찬가지다.[52]

다만, 앞서의 사례는 물론이고 이 시기에 많은 자료에서 일방에서는 공론이라고 하지만 일방에서는 당의黨議 혹은 당폐黨弊로 지적한 기록들이 확인된다. 18세기에 군주들은 당폐를 거론하며 결국 이로 인해 공론이 폐해지고 국가가 장차 망할 것이라고 자주 지적했다. 예를 들어 영조는 경연 석상에서 역대사를 보면 그 마지막에는 붕당으로 인해 망하지 않은 나라가 없다고 하면서 조선의 경우 한쪽에 치우쳐 있는데도 붕당이 이와 같으므로 공론이 폐해지고 국가가 장차 망할 것이라고 했

公公, 천하의 기준이 되다

다.[53] 물론 영조가 이처럼 당의로 몰아가자 당인들은 이를 공론에 의거함을 역설하기도 했다.[54] 이런 현상에 대해 타인의 의견을 당의黨議로 몰아가면서 자신은 공론에 자부自附한다고 지적되기도 했다.[55] 앞서 지적한 동심원적 논리체계를 갖는 공사론의 연속성과 상대성에서 볼 때 당연한 귀결일지도 모르겠다.

이처럼 공론을 둘러싸고 일방은 공론으로, 일방은 당의黨議로 규정하는 논란은 18세기가 공론정치의 파탄기이거나 그 한계를 노정했다고 지적하는 중요한 요인이다. 더하여 이 시기 국왕에 의해 추진된 탕평책이 공론정치를 파탄시켰다는 지적이 있기도 하다.[56] 이처럼 공론이 당의로 표현된다고 해서 이를 공론정치의 한계로 설정할 수 있을까. 이와 관련해서 '국시國是' 개념을 내세워 국시의 확정에는 정치 세력의 역관계 및 추이, 정치 행위의 정당성에 대한 당대 사회의 공론 대결과 공론에 근거한 국왕의 판정이 복합하여 작용했다고 하면서 공론정치에 대해서 새롭게 조망하자는 제안도 제기되기도 했다.[57] 공론은 성리학적 정치관에 따르면 주희가 언급한 바와 같이 군주 이하 일반 백성까지 제기할 수 있는 것이었다. 물론 이때 전제는 인욕人慾인 사私을 버리고 천리天理인 공公을 견지한 상태여야만 했다. 그런데 이것이 현실 정치와 만나면 신료 및 사대부들이 군주를 압박하는 수단일 수도 있고, 때로는 군주가 사대부나 신료들의 정치적 견해를 거부하는 명분으로 가능할 수 있었다.[58]

이에 따라 군주나 사림들은 자신들의 주장이 공론임을 주장하며, 그 귀결은 천리에 순응하고 인심에 합치되는 논리임을 역설하게 된다. 예를 들어 영조대 노론계 준론으로 분류되던 오원吳瑗이 1729년(영조 5) 상소를 올려 소론 및 오광운을 비롯한 남인을 공격하는 동시에 탕평을 비난한 바 있다. 그런데 그 상소의 첫머리에서 "오늘날 국세國勢는 외롭고 위태하며 왕강王綱은 무너져 결단이 났습니다. 천재天災는 거듭 닥치고 인심은 피폐하고 백성은 허덕이며 온갖 것이 소모되어 바닥이 나기에 이른 것입니다"라고 했다.[59] 이런 예들은 당대 기록에서 수시로 확인되는 바다.

이런 상황에서 정치 주체들은 절차적 정당성을 통해서 공론임을 입증하려고 했다. 예를 들어 1735년(영조 11) 12월 송시열과 송준길의 문묘 종사를 요청하며 올린 공충도 유학 윤득형尹得亨 등의 연명상소에서 자신들의 요청은 공론이라고 하면서, 송시열 등에 대한 종사 요청은 예전 사림에서 처음 논의가 발의된 이후에 조야의 유식지론有識之論을 널리 모았고[博採], 당대 사문의 맹주[當世之主盟斯文者]에게 나아가 질문[就質]한 뒤에 의논을 정한 것이므로 이것이 "만 사람의 의견이 일치된 공론[萬口一辭之公論]"이 됨은 명확하게 알 수 있다고 했다.[60] 윤득형의 주장에서 주목되는 것은 공론임을 입증하기 위해 절차적 정당성이 강조되는 점이다. 즉 사림의 발의→조야유식지론朝野有識之論의 박채博採→ 당세지주맹사문자當世之主盟斯文者에게 취질就質한 뒤에 조정에 상신하는 것이다. 이 같은 절차적 정당성은 정치 의리를 판정하는 과정에서 오랜 동안 논의를 거치고, 논의를 거치면서 조정이 이루어지며, 최종 합의에 이르는 과정을 말한다. 영조대 신임의리辛壬義理의 확정 과정은 이를 극명하게 보여주는 사례다.

공公, 천하의 기준이 되다

한편 다수의 의견이라는 점을 내세워 공론임을 강조하기도 했다. 예를 들어 "초야공론草野公論은 반드시 다수의 사람이 연명하여 같이 소리를 지르고 부르짖기에 의리에 공정하다고 한다"라는 지적은 이와 관련된다.[61] 또한 1729년(영조 5) 11월 황감제를 거부한 성균관 재임齋任을 정거停擧하도록 명했다는 이유로 유생들이 권당捲堂한 바 있는데, 이때 성균관 유생들이 권당의 정당성을 언급하면서 자신들의 논의는 "마당에 가득 찬 많은 선비의 입[滿庭多士之口]"에서 나온 것이지 결코 재유齋儒의 수창首唱에 의한 것이 아니며 "온 나라 사람들의 공정한 의논[擧國之公議]"이라 한 바 있다.[62] 또한 1740년(영조 16) 8월 희정당에 대신과 비국당상이 입시한 자리에서 우의정 송인명은 분관分館의 문제점을 지적했는데, 이때 평안도 출신 문관인 문봉수文鳳壽 등 10여 인이 와서 자신들을 예문관에 분관한 것이 부당하다며 칭원稱冤했다고 하면서 1~2명이 칭원하면 이는 협사挾私인 것이지만 여러 사람이 함께 와서 칭원한다면 이는 공론이라 할 수 있다고 한 바 있다.[63] 인식과 실재 여부로 인해서 공론을 판정한다는 것은 쉬운 일이 아니다. 그런 만큼 다수의 의견이라는 논리는 공론임을 입증하기 위한 중요한 지표다. 그러나 공론이 반드시 다수의 의견일 필요는 없다. 중요한 것은 어느 정도 공정한가, 공평한가 하는 문제인 것이다.

정치의리가 공론의 중요한 한 축을 차지하지만, 동시에 이 시기에 제기되는 '공公' 담론 역시 중요한 판단 근거가 된다. '천하의 공'이 정치 사회에서 구현될 때 '생민生民' 혹은 '균均'으로 표명되었다.[64] 이와 관련해서 주목되는 것이 영조대 균역법 제정 과정에 대한 오랜 논란 과정이다.

균역법 제정 과정에서 끊임없이 강조된 것이 '균' 이념이었다. 먼저 영조는 호포론의 시행을 통해서 대동大同의 정사를 하려고 했다고 자술한 바 있다. 즉 1750년(영조 26) 7월 3일 감필호전론을 철회하는 윤음에서 신하들의 정성이 부족함을 질책하면서, 이번 일은 오로지 나라를 위하고 백성을 위한 일로 양민의 고통을 해소해줌으로써 대동大同의 정사를 행하려고 했다고 천명했다. 이미 대동의 정사라는 표현 속에 공평公平의 의미[65]가 담겨 있거니와, 영조가 생각한 대동의 정사란 다름 아닌 '균'의 명분이었다. 그리하여 같은 윤음에서 "너희는 유생에게 호전을 부과하는 것을 불가하다고 여길 것이나 위로 삼공부터 아래로는 사서인士庶人까지 부역을 고르게 해야 한다"고 강조했다.

영조는 평소 이런 의지를 강조하기 위해서 호포가 시행된다면 자신이 먼저 각 궁방에 지시하여 먼저 호포를 납부하도록 하겠다고 천명하기도 했다. 그러면서 다시 강조하기를 "금일의 조치는 열성조를 본받고[體列祖] 백성을 중시하며[重元元] 나라의 근본을 견고[固邦本]하게 하는 것"으로 이 모든 것이 백성을 위한 것이지 사용私用을 위한 것은 아니라고 했다. 이 같은 영조의 발언 속에서 보면 사용私用에 대비되는 백성을 위해 '균'을 이루려고 한 것이며, 이것이 다름 아닌 공이었다. 공을 위한 방법으로 결국 '균'을 제시하고 있다는 점을 주목해야 할 것이다.[66] 그동안 정치 의리는 당의라 하여 이 시기 정치에서 공론과 공론정치가 퇴조되었다는 평가가 있어왔다. 그러나 공론정치라는 측면에서 정치 의리를 판정해가는 과정이 중요하며, 정치 의리와 함께 정치와 사회 영역에 확산되었던 공 담론을 새롭게 구성한다면 이 시기 공론정치가 재평가될

가능성은 열려 있다.

궁부일체론宮府一體論

조선시대 빈번하게 거론되던 '궁부일체'란 제갈량이 227년(촉 후주 5) 군대를 이끌고 한중漢中에서 주둔했다가 출발하면서 촉한의 후주 유선劉禪에게 제출한 「전출사표前出師表」[67]에 등장하는 용어다. 「전출사표」는 제갈량이 당시 형세를 분석한 상태에서 후주에게 치국방략을 권한 것으로 유비劉備의 유지를 계승하면서 중흥대업을 완성하려는 의지가 담긴 글이다. 제갈량은 이 「전출사표」의 내용 중에서 궁부일체론을 언급하여 후주에게 착한 자는 승진시키고 착하지 않은 자는 벌주기를 같이 할 것과 충선忠善한 자나 법을 범한 자는 유사에 회부하여 형벌과 상을 논의하여 평명지치平明之治를 이룰 것을 권고했다.[68] 즉 「전출사표」에서 제갈량은 궁부일체란 용어를 관원의 출척과 관련해서 사용한 것이다.

그러나 궁부일체란 용어는 제갈량이 지적한 부분에 한정되지 않고 대단히 포괄적인 의미를 담고 있는 용어로, 그 연원을 따져보면 『주례』로까지 이어진다.[69] 『주례』는 전체 4만5000여 자에 해당되는 방대한 분량이며 중국 역사상 국가 관리의 이념과 각종 기구 설치 등과 관련된 중요한 문헌이다.[70] 『주례』는 정치, 경제, 문화, 교육 등 각종의 부문을 천·지·춘·하·추·동 6관官에 분배하여 서술했다. 천관天官의 수장은 총재冢宰로 속관屬官은 63개 군이고, 지관地官의 수장은 사도司徒로 속관은 78개 군이며, 춘관春官의 수장은 종백宗伯으로 속관은 70여 개 군이고,

하관夏官의 수장은 사마司馬로 속관은 69개 군이며, 추관秋官의 수장은 사구司寇로 속관은 66개 군이고, 동관冬官의 수장은 사관司官인데 이 편은 결편이다.

이 같은 『주례』는 군주의 지위를 초월적인 존재로 상정한 위에 후대에 많은 영향을 미쳤다. 이 책의 주제와도 직접적으로 관련된 왕토王土와 왕민王民 사상을 내포하고 있다. 즉 군주에게 관리임면권과 입법권, 사법권, 행정권, 주제권主祭權과 통군권統軍權 등을 집중시켰다. 그리고 이에 바탕하여 『시경詩經』에서 제시하고 있는 "하늘 아래 왕의 땅이 아닌 곳이 없고, 땅 끝까지 왕의 신하 아닌 자가 없다[普天之下 莫非王土]"라는 왕토 관념을 계승했다. 왕토사상은 천하의 모든 토지를 군주 1인에게 귀속하고 이를 통해 토지의 분배가 이루어지는 방식이었다. 이 같은 왕토사상은 후대에 토지사유제가 발전하면서 여전히 존재, 관념상으로 군주는 역시 최고의 토지지배권자가 되었다. 왕토사상은 왕민사상과도 연동되는데, 왕민 사상은 천하 인민이 최고소유권자이면서도 지배권자인 군주에게 귀속됨을 의미한다. 『주례』에서 호적제도가 정치하게 설계된 것은 이 때문이었다.[71]

『주례』에서 제시하고 있는 군주의 역할이나 왕토·왕민 사상 등은 이 책의 주제인 궁부일체론의 다른 표현이라고 하겠다. 궁부일체론을 통한 비판의 대표적인 표적인 내수사의 혁파를 말하면서, "임금은 사장이 없다는 뜻[王者無私藏之意]"[72]이라고 하거나 환관을 빗대어 "사인私人"으로 표현하는 것 등은 왕토나 왕민의 의리에 배치되는 상황을 언급하기 위한 것이었다. 『주례』나 제갈량이 출사표에서 제시한 궁부일체론은 궁중과 부중의 일체를 의미한다. 앞서 언급한 바와 같이 궁중과 부중은 『주례』에서 제시하고 있는 내조, 외조와 같은 의미라 하겠다.

조선시대에 궁부일체론은 이미 조선 건국 직후 정도전鄭道傳에 의해서 표방된 바 있다. 그의 대표적인 저작인 『조선경국전』의 치전총서에 수록됐다. 정도전은 재상은 위로는 군부를 받들고 아래로는 백관을 통솔하며 만민을 다스리는 존재로 규정하고 군주에 대해서는 대중의 경지로 인솔하고 백관과 만민에게는 공평하게 대해야 한다고 했다. 아울러 궁중의 비밀이나 빈첩들이 왕을 모시는 일, 내시의 집무 상황, 왕이 타고 다니는 수레나 말, 의복의 장식 그리고 왕이 먹는 음식에 이르기까지 모두 알아야 된다고 했다. 재상이 이를 관장해야 하는 이유는 절제하여 사치하고 낭비하는 폐단을 없애기 위한 것이었다.[73] 궁부일체를 실현하고자 하는 논리다.

정도전의 이러한 주장은 『주례』의 육전적 정치체제를 지향하면서도 주자의 정치사상을 원용하여 군주성학론君主聖學論에 영향을 받은 것으로, 궁극적으로는 재상 중심의 정치를 구현하기 위한 방안이었다.[74] 정도전의 재상 중심 정치론은 그러나 이방원과의 정치투쟁에서 실각하면서 더 이상 진전되지 못하고 조선의 정치체제는 국왕 중심 관료체제로 정비되는 결과로 나타났다.

정도전 이후 조선에서 궁부일체론은 15세기에 간헐적으로 제기되다가 16세기 중반 이후 본격적으로 제기되기 시작했다. 16세기 중반 이후 궁부일체론의 본격적인 제기는 당대 정치 상황의 변화와 관련된 것이다. 즉 사림세력이 서서히 등장하는 가운데 척신세력의 정치 주도가 이

루어지는 상황에서 척신 정치로 인한 정치 사회적 모순이 심화되면서
이를 경계하는 차원에서 제시되었다.

이 시기 주목되는 주장은 명종 초 이언적이 제출한 10조 차자와 김
귀영의 견해다. 명종 즉위 초 이언적은 자신이 초草한 것을 영의정 윤인
경, 좌의정 유관 등이 연명해서 차자를 올렸는데, 하나는 언문으로 대
왕대비에게, 하나는 한문으로 대전에게 제출한 것이었다.[75] 이 글은 모
두 10개조로 이루어졌는데, 대부분의 내용이 궁부일체론과 관련되었다.
차자에서 이언적은 후세의 군주로 궁부일체를 이룬 자가 드물며, 특히
나 지금은 어린 주상이 있고 자전이 섭정하기에 이로써 궁중과 부중이
갈라져 둘로 되지 않을까 두렵다고 했다. 이언적이 궁중과 부중이 둘로
갈라졌다고 지적한 것은 척리와 궁인의 문제를 비롯해 임금의 특지, 규
중의 일, 승정원의 문제 등이었다.

차자에서 이언적은 먼저 예로부터 화란의 발생은 궁금宮禁이 엄하지
못한데서 발생했다고 전제하고는 여알女謁이 성행하면 척리와 소인들이
이를 연줄로 삼아 청탁하여 국정을 문란시키고 임금을 현혹시킨다고
했다. 또한 궁인을 천예賤隷나 상인의 딸로 채움으로써 문제가 생겼으며,
규중의 일은 언젠가는 알려지며 이 과정에서 사의私意가 개입되면 역시
화가 생긴다고 했다. 이언적은 이밖에도 임금이 어려 신하들의 현부賢否
를 알 수 없는데도 특지特旨로 관원을 제수하는 것은 옳지 않다고 했으
며, 승정원의 직무가 왕명의 출납을 미덥게 하는 것인데도 근자에 내지
內旨를 봉환封還[76]하는 일이 없다는 점 등을 문제점으로 지적했다. 그리
고 이런 일들로 인해 궁중과 부중이 나누어지는 문제점이 발생한다고

했다.

이언적은 이런 문제점을 지적한 뒤 그 대책으로 척리와 군주의 접촉을 줄이기 위해 척리의 문안을 제한함과 동시에 궁인들 중 온량하고 공검한 자를 선택해서 옆에 두자고 했다. 또한 부중의 역할을 강화하여 관원을 임명할 때, 특히 2품 이상 관원을 임명할 때에는 전조銓曹에서 신중하게 선택하여 삼망을 갖추어 임명하고, 형벌 등의 적용이 필요하면 유사, 즉 형조를 통해 법으로 처리할 것을 제안했다. 아울러 승정원에서 봉환을 활성화하자고 했다.

이상 이언적이 지적한 여러 가지 문제는 결국 궁부일체를 위한 방안이며, 동시에 사문私門을 열지 않기 위한 것이었다.[77] 즉 이언적이 지적한 척리나 궁인, 규중의 일 등을 비롯해 국왕의 특지 등을 거론한 것은 결국 국왕의 사적인 국정 운영 행태에 대한 비판이며, 궁부일체의 실현을 통한 공도의 실현을 위한 것이었다.

이언적 이외에도 명종 연간 김귀영金貴榮은 궁부일체론을 들어 내수사의 문제점을 비판한 바 있다. 즉 김귀영은 1564년(명종 19)에 제출한 「논내수사폐해차」에서 내수사로 인한 각종 폐단이 결국 궁부일체의 의리에 위배된다고 했다.[78] 김귀영이 지적한 내수사의 문제점은 대략 세 가지로, 첫째는 내수사에 옥을 설치해서 생살生殺을 천단하는 것이고, 둘째로, 외방에 농장을 설치하여 범죄자의 소굴로 하는 한편 법을 훼손하면서 다른 지역의 호구에 복호를 줌으로써 부역이 불균해지고 평민이 고통을 받는다는 점이다. 마지막 셋째로, 제언堤堰과 해택海澤을 모점冒占하여 원전元田을 침탈함으로써 백성이 업을 잃게 된다는 것 등이다.

그런데도 당시 임금은 이런 문제를 지적한 사헌부의 차자에 대해 윤허하지 않고 있어 이 점이 의혹이라고 했다. 김귀영은 이어 제갈량의 궁부일체론을 거론하면서 결국 내수사의 여러 가지 문제점이 국왕의 왕도를 방해하며 평명지치平明之治를 방해한다고 했다.

궁부일체론은 선조 즉위 이후에도 이황을 비롯해 이이 등이 언급한 바 있다. 선조 즉위 이후 이른바 사림 주도의 정치가 본격화되면서 이황이나 이이 등 사림을 주도하던 인물들을 중심으로 군주의 회천回天에 대한 노력이 있었다. 아울러 이전의 척신 정치를 청산하려는 시도가 본격적으로 이루어졌다. 이 시기 궁부일체론은 이를 위한 모델이었다.

이 시기 궁부일체론과 관련하여 주목되는 견해는 이이李珥의 주장이다. 이이는 1574년(선조 7) 국왕의 구언교지에 응하는 형식으로 만언봉사萬言封事를 올렸다.[79] 이때의 만언봉사는 그의 경장관更張觀에 입각한 국정 운영의 철학을 구체적으로 제시한 것으로 주목된다. 이이는 만언봉사에서 '안민지요安民之要' 4조목과 '안민지강安民之綱' 5조목을 제시했는데, 이 가운데 이 책과 관련한 내용은 '안민지요'의 세 번째 조목인 '편벽된 사심을 버리고 지극히 공평한 도량을 넓히는 것[去偏私以恢至公之量]'이다. 이이는 먼저 편벽된 사심을 털끝만큼이라도 떼어버리지 못한다면 요순의 도에 들어갈 수 없다고 전제하고는 내관內官이 승정원을 거치지 않고 수본手本을 올린 일을 비판하며 승정원은 이미 후설喉舌이라 이름 했기에 조정의 크고 작은 일은 모두 승정원을 거쳐야 한다고 했다. 내관의 이런 행태는 당시 임금이 후설의 신하를 멀리하고 환관을 친근하게 함으로써 발생한 것으로, 결국 환관이 조신을 경멸하게 되었다고 했다.

이어 당시 이를 둘러싸고 조정에서 논란이 일자 임금이 "시국이 그른 것은 임금이 엄하지 못하기 때문이다"라고 한 발언을 소개하며 이를 비판했다. 먼저 형刑을 받은 하찮은 환관들이 후설의 신하에게 대항하고 내노內奴가 감히 분수에 어긋나는 은총을 바라며, 말을 타고 가던 귀척貴戚이 교서教書를 마주쳐도 피하지 않으니 이것은 결국 임금이 말한 대로 엄하지 못하기 때문이라고 했다. 그러나 이이가 판단하기에 시국의 혼란스러움이 임금이 엄하지 못하기 때문이기보다는 의義를 두려워하지 않는 것 때문이었다. "공연히 엄하기만 하고 의를 두려워하지 않은 자는 실패하지 않은 사람이 없었다." 여기서 이이가 지적한 '의'는 공과 상통하는 것으로 "임금이란 엄하지 못할까 걱정하지 말고 공변되지 못함을 걱정해야 한다"고 했다. 그러면서 그 대책으로 다음과 같이 밝혔다.

"궁중과 부중이 일체가 되어 환관이 임금을 가까이 모심을 믿고 조정의 신하들을 가벼이 여기게 하지 말 것이며, 만백성을 한결같이 보시어 내노內奴가 임금을 사사로이 모심을 믿고 엿보아서는 안 될 일을 엿보게 하지 마소서. 내탕內帑을 유사有司에게 맡기시어 사물私物처럼 여기지 마시고, 한편에만 치우치는 생각을 마음속에서 끊으시어 공평한 도량으로 모든 것을 감싸고 널리 덮어주도록 하소서. 그와 같이 하신다면 나라의 창고가 모두 재물인데 어찌 쓸 것이 없을까 걱정될 것이며, 온 나라 사람이 모두 신하인데 어찌 노비가 없을까 걱정이 되겠습니까."

이 지적은 전형적인 왕토와 왕민 사상에 연유한 사고로, 궁중=환관
=내노=내탕=사물의 논리가 확인된다. 그리고 이렇게 궁중과 부중을 분
리시키지 말고 궁부일체를 시키자고 주장한 것이다. 이이는 특히 환관
의 화와 척속의 문제에 대해서는 여러 글에서 지적한 바, 예를 들어『성
학집요』에서는 이들의 사통私通을 막는 것이 바로 공이라고 지적한 바
있었다.[80]

17세기에 들어서면서 궁부일체론은 사림계 관료들 사이에서 빈번하
게 거론되었다. 17세기 이후 궁부일체론을 제기한 논자들을 정리하면
아래의 [표3]과 같다.

[표3] 궁부일체론을 제기한 논자들

왕대	연월일	발언자		쟁점
		관직	성명	
광해군	01-003-10	사간원		내관
	02-012-23	해조		환관
	07-006-26	사간원		대간
인조	01-003-23	장령	김장생	국가의 치란
	02-008-13	사헌부		궁가 서리
	02-010-08	대사헌	정엽 등	국정 전반
	04-004-04	사헌부		內藏
	04-009-13	사헌부		내수사 獄
	14=008-01	사간원		환관, 궁첩, 궁방전
	21-002-22	양사		궁중 나인
	21-003-03	부제학	김육	궁인

공公, 천하의 기준이 되다

효종	00-011-26	집의	송준길 등	私人, 내수사
	01-007-03	영의정	이경여	군주의 덕
	08-006-07	대사헌	민응형	내수사
	08-011-06	집의	권대운 등	내수사 옥
현종	00-006-05	대사헌	송준길 등	국정 전반
	04-010-19	승지	이태연	대간
	05-106-14	지평	민시중	환관
	06-010-22	헌납	최일	내탕과 內獄
	08-012-02	호판	김수흥	殿閣
숙종	06-007-05	영부사	김수흥	국정 전반
	07-010-23	영의정	김수항	궁방 차인
	08-012-28	국왕		내탕
	09-001-13	형판	김덕원	내수사 옥
	11-005-13	지평	최규서	액정서 소속 천례
	12-006-19	지평	한성우	궁방전 절수
	12-007-13	영의정	김수항	상의원 서리
	14-006-14	이조판서	박세채	척족
	14-011-16		유득일	외척
	17-004-02	승정원		내수사 書題
	22-010-03		유상운	내수사
	29-009-01	정언	김홍경	宮禁
	30-004-05	사헌부		궁내 재용
	30-004-18	지평	유태명	궁내 재용
	30-005-17	교리	이관명	내탕, 궁방
	30-005-30	지평	이동언	내수사
	32-001-02	공조참판	이광적	私
	33-011-09	지평	이대성	궁내 재용
	34-012-20	교리	오명항	왕자와 후궁의 제택
	37-006-22	사관		궁방
	43-002-06	응교	어유귀 등	披隷

	01-007-12	병조판서	홍치중	掖隷
	01-008-24	부사직	김간	국정 전반
	01-010-29	부응교	이현록 등	내수사
	05-010-04	영의정	홍치중	差人
	06-012-22	지평	엄경하	중관
영조	07-007-24	장령	민정	궁차
	07-010-21		이종성	환관
	07-012-21	응교	이종성	궁내 재용
	09-004-20	국왕		御供米
	38-007-30	국왕		내수사와 궁가
	41-009-24	국왕		掖隷
	52-002-08	헌납	신대년	궁인
	00-007-14	국왕		貢馬 頒賜
	00-009-01	교리	김관주	궁방전
	01-003-02	국왕		承政院
	02-005-04	국왕		균역법
	02-012-17	국왕		둔전 절수
	05-010-28	병조참의	윤면동	雇立軍
정조	08-007-02	국왕		세자궁
	10-007-19	국왕		魂殿 祭物
	12-008-20	국왕		내탕
	19-003-10	국왕		척신, 私門
	19-011-24	첨지	양주익	국정 전반
	21-010-16	국왕		함흥 內寺奴
	22-004-18	국왕		海奴
	08-105-25	좌의정	김재찬	궁방
	10-003-07	대사헌	김이도	국왕 명령
	15-001-15	호조판서	이상황	궁방전
순조	17-010-25	교리	한용의	特旨
	33-005-26	영의정	이상황	內帑
	33-011-25	영의정	이상황	貢物
	34-002-10	좌의정	심상규	掖屬과 宮人
철종	12-011-01	지사	김병국	武藝別監

* 연월일은 "-"로 구분했고, 월의 세 자리 중 첫째는 윤달을 구분함. 윤달인 경우에는 1로 표시함

위의 표는 조선왕조실록에서 궁부일체로 검색해서 나타난 경우를 정리한 것이다. 그런 점에서 일단 이 표가 당대의 사실을 모두 반영한다고는 볼 수 없다. 다만, 위 표를 통해 경향성을 파악하는 데는 무리가 없을 것으로 판단된다. 표에 따르면 17세기 이후 궁부일체론의 쟁점은 대개 왕실, 특히 내수사나 궁방, 환관이나 내탕 등에 집중되었음이 확인된다.

아울러 주목되는 것은 숙종대 이전까지 궁부일체론을 제기한 논자들은 대개가 신료층으로 삼사나 영의정, 호조판서 등이 해당 논의를 제기했다. 이런 점은 숙종대 이후에도 크게 바뀌지는 않았다. 다만 숙종대 이후 주목되는 것은 이전까지 주로 사림계 관료들 사이에서 거론되던 궁부일체론이 국왕의 언설을 통해서 제기되고 있다는 점이다. 기록에서 처음으로 확인되는 국왕의 궁부일체론 언급은 1682년(숙종 8) 12월 28일의 하교다. 당시 전국적으로 크게 기근이 들자 국왕은 내사內司의 세입이 크게 줄었으나 궁부일체론의 논리에 따라 내사의 경비를 일부나마 진휼 비용으로 제공하겠다는 내용이었다.[81] 숙종 이후 영조나 정조는 자주 궁부일체론을 거론했다. 이 점은 17세기 이후 사림계 관료들이 강조했던 궁부일체론과 국왕이 제기했던 궁부일체론이 용어의 동일함에도 불구하고 그 의미가 다르게 파악되어야 함을 보여주는 것은 아닐까?

17세기 이후 궁부일체론은 지식인들 사이에서 당대의 정치, 사회적 모순을 변통하기 위한 하나의 이념적 모델로 제시되었다. 이는 인조반정 직후 김장생金長生이 노병으로 사직하면서 반정을 주도했던 이귀李貴·김류金瑬·장유張維·최명길崔鳴吉 등에게 보낸 서신에서 그대로 드러난다. 김장생이 이들에게 보낸 서신의 내용 중 기강을 진작하자는 조항에서 궁부일체를 언급했는데, 김장생은 먼저 국가의 치란은 기강의 확립에 달려 있다고 하면서 기강 수립 여하의 책임을 군주에게 돌렸다. 즉 진실로 임금이 건강乾剛을 분발하고, 나라의 대강大綱을 정리하며 상하가 서로 노력해서 상호 협력의 조화를 이루며, 백관이 서로 규계規戒하여 각기 분당하는 사심을 없게 하고, 신상필벌과 권장과 징계를 적절히 하며, 어진 이를 등용하고 간사한 자를 물리치며 좋고 나쁜 것을 제대로 밝히며 궁부일체가 되어 내외가 서로 도운 연후에야 조리가 바르고 매사가 순조로워져 국가의 다스림이 나날이 빛나는 발전을 이룩할 것이라고 했다.[82] 이 글에서 김장생은 국가 치란의 책임을 군주에게 돌렸는데, 이 같은 태도는 붕당을 초월한 이 시기 사림들의 기본적인 지향이었다.

이처럼 궁부일체론이 정치의 주요 방향이며 이념적 모델로 제시되는가 하면 실제적인 현상에 대한 비판으로 제기되었다. 앞서 표에서 보듯이 조선시대에 거론된 궁부일체론은 대개가 왕실의 운영에 대한 비판에서 제기되었다고 해도 과언은 아니다. 궁부일체론을 통해서 비판하는 왕실 운영에 대한 것은, 환관을 포함한 국왕 측근 세력의 문제를 비롯해 내수사와 궁방과 관련된 것이 대부분이었다. 이밖에도 내수사와 관련된 국왕의 내탕에 대한 비판도 적지 않다.

환관을 비롯해 내수사나 궁방 등에 대한 비판은 이것이 바로 사인私人이요 사장私藏 또는 사재私財라는 점에서 출발했다. 예를 들어 내수사의 경우 당시 대부분 논자는 내수사의 재정을 사재私財로 인식했다. 장

유의 경우 내수사를 "사재지부私財之府"라 했고,[83] 채유후蔡裕後의 경우도 역시 사재로 표현했다.[84] 뿐만 아니라 환관의 행동 대부분은 사적인 것으로 인식되었다. 이와 관련해서 1610년(광해군 2) 환관 이종보李宗輔가 상언하여 자신을 복호復戶해주기를 청했고 국왕이 이를 허가한 경우가 있었다.[85] 당시 국왕의 명령을 접한 호조에서는 이종보 등의 행동으로 법령이 파괴되었으며, 그의 청원을 허가한 것은 궁부일체에 부합되지 않는다면서 명령의 이행을 거부했다. 당시 사관史官은 호조의 이 같은 대응을 이종보의 개인적인 청원에 대한 호조의 공적인 입장으로 설명했다.

한편 이런 문제가 수차례 지적되었으나 거의 개선되지 않았다. 이는 각각의 사안을 보는 신료들과 군주의 입장 차이 때문이었다. 이런 입장 차이를 파악하기 위해 환관의 예를 들면 아래와 같다. 즉 1685년(숙종 11) 5월 법을 어긴 환관의 처리 문제를 둘러싸고 발생한 문제에서 극명하게 드러난다. 당시 성묘를 가던 사족이 환관에게 교외에서 거듭 구타와 모욕을 당하고 이를 사헌부에서 고소했고, 사헌부에서는 해당 환관을 잡아다가 추문한 적이 있었다.[86] 그러자 숙종은 환관이 비록 비천한 신분이지만 이미 궁중 소속이므로 천예로 대우해서는 안 되는데 사헌부에서 이를 고려하지 않고 추고하여 다스리는 것은 문제라고 승지를 통해서 사헌부의 행태를 비판했다.[87] 이에 대해 지평으로 있던 최규서는 사헌부의 규례를 들어 비록 사족이라도 사헌부에서 죄를 다스리는데 환관이 궁중 소속이라고 하여 법을 시행하지 못한다면 궁부일체라는 뜻에 어긋난다고 했다.

따라서 궁부일체를 실현하기 위해서는 국왕이 사심으로 사인을 임용하는 행태와 같은 것이 없어져야만 했다. 이와 관련해 주목되는 주장은 김장생의 계열을 잇는 송시열이 효종 초에 올린 기축봉사己丑封事의 '사은私恩을 억제하고 공도公道를 넓히라' 조에서 나타난다.[88] 이 조목에서 송시열은 주자와 제갈량의 언설을 근거로 설명했는데, 먼저 주자의 "한 생각의 간사함을 이기지 못하여 사심私心을 갖는 데 이르게 되고, 집안사람의 친근한 폐단을 바로잡지 못함으로써 사인私人을 두기에 이른다"라는 내용을 인용하면서 사심으로 사인을 임용하면 그 사인이 공도가 행해지고 현자가 진출하는 것을 두려워하여 임금에게 '오늘날엔 쓸 만한 인재가 없다'고 할 것이라고 했다. 즉 군주의 잘못된 사심으로 인해 주위에 용렬하고 하찮은 사인들이 도사리게 되어 군주가 고립되므로 사은을 억제하고 공도를 높이려고 해도 할 수 없을 것이라고 했다.

이어 송시열은 주자의 말을 빌어서 제갈량의 궁부일체론을 소개한 뒤 실제 자신이 보고들은 이야기를 서술했다. 그중 하나가 자신이 향촌에서 경험한 일인데, 향촌의 우매한 사람이 면포 수백 필과 준마 1필로 벼슬을 구할 생각을 했을 때 자신은 그것이 가당치 않다고 생각했으나 결국 그 자가 벼슬을 얻고는 '아무 어른을 통하여 얻었다'고 했다는 내용을 전하면서 조정에 뇌물이 공공연히 행해지고 있는 현실을 개탄했다. 이렇게 뇌물을 통해 벼슬을 얻는 행태들이 반복되는 것은 결국 군주의 사심으로 인한 것이요, 이로 인해 공도가 회복될 수 없다고 한 것이었다. 따라서 송시열은 군주가 사심을 버리고 궁부일체를 구현함으로써 제갈량과 같은 충의의 인사를 등용하는 것으로 나라를 다스리는 계책을 생각해야 한다고 했다.

송시열의 인식과 유사한 것이 송준길의 견해다. 송준길은 효종 즉위 초에 동료들과 함께 올린 차자에서, 내수사 노비의 복호와 내수사의 공사公事에 대해 이조에서 방관하는 작태 등을 비판했다. 그 차자에서는 이런 잘못된 행태의 근원은 군주에게 있는 것으로, "군주가 사심이 있기 때문에 사재私財가 있고, 사재가 있기 때문에 사인이 있게 되었다고 했다. 그러면서 『예기禮記』의 '하늘은 사사로이 덮지 않고, 땅은 사사로이 싣지 않고, 해와 달은 사사로이 비추지 않는다[天無私覆 地無私載 日月無私照 王者奉三無私 以勞萬民]'라는 조항을 인용하며 군주의 사사로움을 극복해야 한다고 했다.[89]

이들 김장생 계열의 송시열, 송준길 외에도 같은 서인으로 이경여와 김육 등도 궁부일체론을 제기했다. 김육은 1644년(인조 22) 부제학 당시 제출한 차자에서 궁인의 처벌을 외정外廷, 즉 법사法司에서 처벌할 것을 요청했으나 인조가 이를 거부한 것을 비난하면서 이는 궁부일체에 위배된다고 했다. 그러면서 김육은 인조에게 조정에 있는 신하들을 접견할 것과 병환 중이어도 근시들을 통해 치국의 방략을 듣기를 권고했다.[90]

이경여는 여러 차례 상소를 올려 궁부일체의 실현을 주장한 바 있다. 이경여는 정사를 모두 『주례』 총재의 규정처럼 총재에게 귀속시킴으로써 궁부일체를 실현하자고 주장하거나,[91] 궁액의 제한 및 액정이나 내외의 사환이 죄를 지은 경우에는 유사로 보내 처벌할 것 등을 주장한 바 있다.[92] 이경여 역시 앞서 언급한 송시열과 마찬가지로 궁부일체가 되지 않는 이유를 군주의 사사로움에서 찾았다. 그리고 이를 막으려면 반드시 궁금宮禁을 엄중히 하고 공도를 넓히려면 사적으로 통하는 길을 막아야 한다고 했다. 이를 위해 임금은, 복심으로서의 역할은 공경에게 부탁하고 이목의 기여를 대각에게 책임을 지워야 한다. 그래야 임금의 눈이 밝아지고 귀는 통달하게 되어 겉과 속을 환하게 알게 되는데 그러면 사사私邪로운 누累가 그 사이를 조금도 교란할 수 없으니 궁부일체로 나라가 흥한다고 했다. 반면 난을 부르는 임금은 반드시 이와는 정반대의 방법을 취하며 다른 사사로운 길에 맡겨버리고 만다고 했다.[93]

이상에서 살펴본 바와 같이 김장생을 비롯해 대부분의 서인은 궁부일체를 실현하는 길은 공도를 넓히는 길이라는 인식이 있었다. 그리고 이를 성취하기 위해서는 이들 모두 공히 군주의 역할이 가장 중요함을 역설했으며, 특히 군주의 사사로움을 경계했다. 결국 궁부일체론을 군주의 사적인 운영을 경계하며, 나아가 공적인 국정 운영을 이루기 위한 이념적 모델로 제시한 것이었다.

다만 공적 운영의 모습에 대해서는 김장생 이하 송시열 등의 입장과 이경여 등의 입장이 달랐다고 보인다. 즉 김장생을 비롯해 송시열 등의 '공公'적 가치의 최상은 도의 구현이었다. 바로 여기서 '도고우군道高于君'이라는 사람들 특유의 정치의식이 드러나게 된다. '도고우군'의 논리는 중국의 하·은·주를 지나며 군주권이 절대화되는 상황에서 춘추전국시대 이래 이런 군주의 전제권을 견제하기 위해 유가에서 고안한 논리였다. 이를 통해 군주의 자각과 절제와 함께 군주는 도를 담지한 신하를 맞이해야 하고, 도를 담지한 신하는 도로써 군주를 섬겨야 했다. 그리고 이를 통해 군신간 대등한 위치를 부여하기에 이르렀다.[94] 결국 송시열 등의 논의는 군주를 견제하면서 도의 담지자를 통해 도의 가치를 실현하는 국정 운영의 모습을 구상했던 것이다.

이에 비해 이경여의 사고는 달랐다. 이경여는 공적 가치의 중심에 군주를 위치시켰다. 이와 관련 이경여가 구상한 군주의 위상이 주목된다. 이경여는 군주의 위상을 북극성에 비유했다. 즉 "왕자王者는 임금 자리에 나아가서 하늘의 섭리를 본받아 도를 행하는 것입니다. 북신北辰이 제 자리를 잡으면 뭇별이 옹위擁衛하면서 각각 자신의 별자리를 지켜 안팎이 뚜렷이 구별되는데, 임금의 도에 있어서도 이와 아주 흡사합니다"[95]라고 했다. 여기서 언급한 북극성은 신극宸極 등으로 표현되기도 히며, 비로 군주를 지칭하는 표현이었다.

원래 이 표현은 도가道家의 상제上帝 관념에서 탄생했으나 한나라 때 유자들이 이를 유학적 관념에 포함시켰던 것이다. 이 관념은 중앙에 군주가 있고 주위에 삼공을 비롯해 후비나 태자, 번신藩臣 등 각 관원이 옹위하는 형국을 빗댐으로써 왕권의 신성성을 강조한 것이었다.[96] 결국 이러한 이경여의 입장은 군주권의 절대화를 추구한 것임을 알 수 있으며, 국가 치란治亂의 책임을 절대화된 군주에게 귀속시키면서 군주가 사적인 국정 운영을 벗어나 궁중과 부중을 전일적으로 지배하는 공적 운영을 주장한 것이었다. 이렇게 볼 때 같은 궁부일체론이라도 각각의 입장에 따라 그 설계한 내용이 다를 수 있음을 알 수 있다.

이러한 점은 앞서 추이를 살펴보는 가운데서 언급했던 숙종대 이후 국왕이 궁부일체론을 제기할 때 그 입장을 이해하는 데도 시사하는 바

가 크다. 숙종대 이후 자주 궁부일체론을 활용한 국왕은 정조다. 정조
는 자신이 추진하는 왕실 재정 개혁책의 이념적 모델을 궁부일체에서
찾았다.[97] 정조는 궁부일체의 이념을 표방하면서, 궁방이나 내수사 수입
의 상당 부분을 호조에서 흡수하게 하여 공적인 재정으로써 성격을 갖
게 했고, 신료들의 내수사 혁파 주장에 대해 내수사를 사재私財가 아닌
진휼재원 확보라는 명분을 내세워 유지하면서 공공성을 강화했다. 이밖
에도 궁방이나 내수사에서 궁차宮差나 추쇄관 등을 파견하는 일을 금지
하는 대신 그 권한을 감사와 수령에 넘기는 조치를 통해 왕실 재정의
운영을 국가의 공적인 통치 조직으로 포섭했다.

정조가 궁부일체를 활용한 예는 비단 여기서 그치지 않는다. 정치적
으로도 자신이 추구한 탕평을 뒷받침하는 이론적 모델로 삼았다. 그 예
가 「조정 신하들에게 당파를 제거하라고 신칙하는 하교廷臣祛黨申飭敎」
로,[98] 이 교서에서 정조는 당시의 신료들이 관원을 임명할 때 "저들과
이들을 번갈아 택하여[參互彼此]"하며 미봉하여 조정하는 계책으로 삼
자 척리와 권간들이 더럽히고 어지럽혀 멋대로 제어할 있게 되었다고
했다. 또한 의리가 정해진 뒤에 각자가 이 당 저 당 나누어 서로 간섭하
지 않기를 진월秦越과 같이 하므로 나라가 나라다울 수 없다고 했다. 그
러면서 제갈량의 궁부일체론을 거론하며 이런 작태는 한 나라에서 한
임금을 섬기면서는 있을 수 없는 것이라 하며 정신들에게 당목黨目을 버
리고 오직 그 사람됨만을 보아 등용할 것을 신칙했다. 여기서 궁부일체
론은 정조가 추구하는 탕평의 롤 모델로 작용한 것이라 하겠다.

이처럼 정조는 자신이 추구하는 왕실 재정의 개혁이나 탕평을 위해

공公, 천하의 기준이 되다

궁부일체론을 언급했다. 그렇다고 한다면 정조가 궁부일체론을 통해서 추구했던 최종 목적은 무엇인가? 앞서 연구된 바와 같이 국가 운영의 공공성을 확보하려는 것임은 물론이다. 다만 앞서 17세기 신료들의 경우도 역시 국가 운영의 공적 성격을 강조했듯이, 외면상으로는 이 둘이 크게 다르지 않다. 그러나 국왕이 궁부일체론을 직접 거론했다는 점에서 앞서 신료들의 주장과는 다르게 해석되어야 할 것이다. 다름 아니라 공공성의 주체가 바로 국왕이 되는 것이다. 국왕의 예하에 왕실과 부중의 기구까지 포섭하고 이를 통해 전일적 지배를 구현하려던 것이었다. 즉 재정 개혁에서도 왕실 재정 개혁 일방으로 귀결되기보다는 공공기관의 재정 개혁도 추진했다. 예를 들어 1778년(정조 2) 12월 아문과 영문 營門의 둔전에 똑같이 궁방전의 규정을 적용, 각 아문이나 영문 둔전의 면세도 호조를 통해서 허락할 것을 정식으로 삼도록 하는 데서 알 수 있다.[99] 결국 정조는 일국의 전일적 지배를 목표로 궁부일체론을 제시하며 자신의 국가 개혁에 대한 각종 정책을 구현했다고 하겠다.

원전과 함께 읽는 공公

공 개념의 등장과 확장

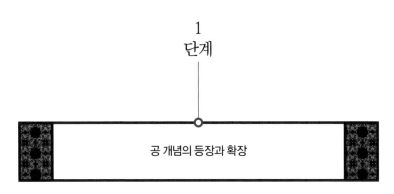

【 주역 1 】 원문 1

왕공王公이 험한 것을 설치하여 나라를 지키니, 험險의 때와 용用
이 위대하도다.

『주역』 29장 감

【 맹자 1 】 원문 2

사방 1리里가 1정井으로 1정은 900묘다. 그 한가운데에 공전公田
이 위치하고 여덟 집은 모두 사전私田 100묘씩을 받는다. 이들이
공전을 공동 경작하는데, 공전의 일을 마친 뒤에 감히 사전의 일
을 다스리도록 해야 하니, 이는 위정자와 농민의 신분을 구별하
기 위함이다.

『맹자』「등문공 상」

말이 살이 쪄서 늠름하니 서 네 필의 공골마가 살이 쪘도다. 밤
늦도록 공소公所에 있으니 공소에서 일을 분명하게 처리하도다.
춤추는 자의 백로 깃채 훨훨 나니 백로가 내려앉는 듯하도다. 북
을 둥둥 두들기거늘 취하여 춤을 추니 서로 즐거워하도다.

말이 살이 쪄서 늠름하니 저 네 필의 숫말이 살이 쪘도다. 밤늦
도록 공소에 있으니 공소公所에서 술을 마시도다. 춤추는 자의
백로 깃채 훨훨 나니 백로가 나는 듯하도다. 북을 둥둥 울리고
취하여 돌아가니 서로 즐거워하도다.

말이 살이 쪄서 늠름하니 저 네 필의 철총이 살이 쪘도다. 밤늦
도록 공소公所에 있으니 공소에서 잔치하도다. 지금으로부터 시
작하여 해마다 농사는 드느니 풍년이로다. 군자가 곡록을 두어
자손들에게 물려주니 서로 즐거워하도다.

『시경』「노송·유필」

임금님이 말씀하시기를 "오, 부사여 지금 나는 공을 주공이 하
시던 일에 삼가 명하노니 가십시오. 착한 이를 표창하고 악한 자
를 구별하여 그 사는 마을을 표하며 선함을 드러내고 악함을 눌
러 풍조와 명성을 그곳에 세우시오. 교훈과 법을 따르지 않거든
그 밭의 경계를 구별하여 두려움과 그리움이 있게 하십시오. 교
외와 경계를 거듭 구획하고 봉하여 받은 땅을 삼가 굳게 지켜 온

세상을 편안케 하시오. 정사는 일정함이 귀하고 말은 구체적이
면서도 간결함을 숭상하오. 기이함을 좋아하지 마시오. 상나라
풍속은 경박하여 교묘한 말만을 어질다 했소. 남은 풍조가 끊이
지 않으니 공께서는 그것을 염려하십시오.

『서경』「필명」

첫 번째 원문은 『주역』에 수록된 내용이고, 두번째는 『맹자』에 수록
된 것이며, 세번째는 『시경』에 수록된 내용이고 네번째는 『서경』에 수록
된 내용이다. 이들 기록에서 '공'은 주로 특정인이나 혹은 수장을 지칭
하는 개념으로 사용되었다. 첫 번째 글에서 공은 왕공이라 하여 특정인
을 지칭하는 개념으로 사용되었다. 두번째 『맹자』에서 공전은 900묘의
전답으로, 토지를 정井의 형태로 구획하고 가운데를 공전으로 설정한
것이다. 여기서 공전에서 나오는 수확물은 공동체 수장의 몫이라는 의
미이므로, '공'은 수장을 의미한다고 봐야할 것이다. 『시경』의 공소에서
공은 궁실과 같은 공간을 의미한다. 『서경』에서 공은 상층 신분층인 특
정인을 지칭한다. 초기 공 개념의 등장 과정을 살필 수 있는 자료다.

【설문해자 1】 원문 5

공公은 공평하게 나눈다는 의미다. 공八과 사厶가 합쳐져 이루어
진 글자다. 공은 배치됨과 같은 의미다. 한비자도 사에 배치되는
것을 공이라고 했다.

『설문해자』

공과 사에 대해서 정의한 것이다. 공과 사를 서로 대비해서 설명하고 있다. 그러면서 이를 한비자에 연유한 섯이라고 했다. 주목되는 것은 공을 평분平分이라고 했다는 점이다. 이와 관련해서 공과 사는 한몸에서 나온 서로 다른 것이거나 몫을 나누는 공정한 방식을 뜻하는 것이지, 사적 영역 대 공적 영역 식으로 서로 대립하는 것은 아니었다. 즉 공은 사에서 나오고 사는 공을 위한다고 해석한 견해도 있다.[1]

【논어 1】 원문 6

자유子游가 무성武城의 수령이 되었는데, 공자께서 말씀하셨다. "너는 그곳에서 인재를 얻었느냐?" 자유가 대답했다. "담대멸명澹臺滅明이란 자가 있는데, 그는 길을 갈 때 지름길로 가지 않고, 공적公的인 일이 아니면 제 방에 오는 법이 없습니다."

『논어』 「옹야」

【논어 2】 원문 7

공자께서 말씀하셨다. "우禹임금은 내가 흠잡을 것이 없구나. 음식은 간소하게 드시면서 제사에는 효성을 다하여 풍성히 하셨고, 평상복은 허술하게 입으면서 제례복祭禮服은 최대한 아름답게 하셨으며, 궁실은 낮게 지으면서 치수治水 사업에는 온 힘을 기울이셨으니, 우임금은 내가 흠잡을 것이 없구나."

『논어』 「태백」

초기 상층 신분층이나 궁실 등을 지칭하는 개념에서 제자백가의 단계에 이르면 개념이 확장된다. 이중 유가는 가치적인 인식을 보인다. 원문6은 인재를 발굴할 때 개인적 이익을 취하지 않고 아울러 공적인 일이 아니면 아예 사적인 만남을 배척하는 공직자의 자세를 평가하는 말로 공의 가치를 높인 의미가 있는 부분이다. 원문7에서는 우임금이 왕으로서 부귀를 누리지 않고 백성 전체를 위해 많은 신경을 쓴 것을 거론했다. 공자는 이를 선공후사의 전형으로 보고 칭송했다.

【순자 1】 원문 8

군자는 이익을 추구하는 데 소홀히지만, 해를 피하는 일에는 재빠르다. 굴욕을 피하는 일을 두려워하지만 올바른 도리를 행하는 데는 용감하다. 군자는 가난해도 뜻이 넓고, 부귀해도 몸가짐이 공손하다. 편안히 즐길 때에도 혈기를 따라 멋대로 놀지 않고 고단하더라도 용모가 일그러지지 않는다. 노엽다고 지나치게 빼앗지도 않고, 기쁘다고 해서 지나치게 주지도 않는다. 군자가 가난하면서도 뜻이 넓은 것은 어진 것을 존중하기 때문이다. 부귀해도 몸가짐이 공손한 것은 위세를 부리려 하지 않는 것이다. 편안하게 즐길 때에도 혈기에 따라 멋대로 놀지 않는 것은 사리를 분별할 줄 알기 때문이다. 고단해도 용모가 일그러지지 않는 것은 사귐을 좋아하기 때문이다. 노엽다고 해서 지나치게 빼앗지 않고, 기쁘다고 해서 지나치게 주지도 않는 것은 법도가 사사로움을 이기고 있기 때문이다. 『서경』에 말하기를, "자기만 좋아하는 일을 하지 말고 임금의 도리를 따를 것이며, 자기만 싫어하는 일을 하지 말고 임금의 길을 따르라"고 했다. 이 말은 군자라 공의로써 사욕私慾을 이겨낼 수 있음을 뜻하는 것이다.

『순자』「수신」

위의 내용은 『순자』에 수록된 것으로, 순자는 공을 통치자나 통치자와 관련된 사물이라는 구체적인 의미에서 파악했다. 그리고 공공公共과 공정, 공평 등의 추상적인 의리로 확대해서 설명했다. 윤리화되고 정치화된 인식이라고 할 수 있다. 순자는 공과 사를 대립적 개념으로 파악하면서, 군자는 공의로써 사욕을 이겨낼 수 있는 존재라고 묘사했다.

【한비자 1】 원문 9

스스로 둘러싼 것을 사라 이르고 사를 등진 것을 공이라고 한다.

『한비자』「오두」

【한비자 2】 원문 10

백성에게는 사편私便이 있고 군주에게는 공리公利가 있다. 농사를 짓지 않아도 생활하기에 불편하지 않으며 관직에 있지 않고서도 명예가 빛날 수 있는 것이 사편이다. 학문을 그만두게 하고

공公, 천하의 기준이 되다

법률을 명시하여 사편을 막고 공로를 세우는 데 실수가 없도록 하는 것이 공이다. 법을 시행하는 것은 백성의 나아갈 방향을 지시하는 목적도 있다. 그런데 한편에서 학문을 존중하게 되면 백성은 그가 의지하고 있는 법을 의심하게 된다.

『한비자』「팔설」

【 한비자 3 】 원문 11

군주의 도는 반드시 공사의 구별을 명확하게 하고 법률 규정을 명시해서 사은을 버리지 않으면 안 된다. 모름지기 명령을 내리면 반드시 행해지고 금령을 내리면 반드시 그만두는 것이 군주의 공이다. 어떻게 해서든 사를 행하고 동료들의 신의를 지키는 일이나 상을 미끼로 힘쓰게 할 수 없으며 벌로 위협해 그만두게 할 수 없다는 것이 신하의 사이다. 사의가 행해지면 국가는 어지러워지고 공의가 행해지면 국가는 다스려진다. 그러므로 공과 사는 구별이 있는 것이다.

『한비자』「식사」

여기서 흥미롭게도 한비자는 '사私'를 그것의 글자 모양인 닫힌 동그라미 꼴[自環者]에 착안하여 파악하고 있다. 즉, 사사로운 이기적 행위를 사로 해석하고 반면에 사익이 닫힌 모양과는 등진 즉 대립되는 양상을 '공'으로 개념화한 것이다. 한비자는 공을 긍정하고 사를 부정했다. 그는 유가의 공과는 달리 법을 강조했으며, 법이 군주의 공리이고 공의가 집적된 것이라 주장했다.

【여씨춘추 1】 원문 12

옛날 선대의 성왕聖王들이 천하를 다스릴 때 반드시 공公을 앞세웠으니 공을 실천하여 천하가 태평했다. 태평은 공으로부터 얻을 수 있는 것이다. 한번 옛날 기록들을 시험 삼아 살펴보자. 천하를 얻는 자 많았거니와 그들이 천하를 얻을 수 있었던 것은 공을 실천했기 때문이다. 천하를 잃은 자도 많았는데 그들이 천하를 잃었던 것은 꼭 어딘가에 치우치기 때문이었다. 그러므로 『서경』「홍범」 편에는 말하고 있다. "치우치지도 않고 패거리를 짓지도 않으니 왕도가 탕탕하도다. 기울지도 않고 쏠리지도 않으니 왕의 의로움을 따르는구나. 편애하지 않으니 왕의 도리를 밟는구나. 미워하지 않으니 왕의 길을 따르는 구나." 천하는 한 사람의 천하가 아니라 천하의 천하인 것이다. 음양이 조화를 이루는 것은 한 족속만을 기르려 해서가 아니고 감로가 내리거나 때맞추어 비가 오는 것은 사물 하나만을 편애해서가 아니다. 만백성의 주인은 한 사람만을 위하지 않는다.

『여씨춘추』「귀공」

公, 천하의 기준이 되다

대도가 행해질 때에는 천하를 공유했다. 현명한 사람과 능력 있는 사람을 선택하여 지도자로 삼고, 신의에 힘쓰고 상호간의 화목을 권했다. 그러므로 사람들은 자신의 부모만을 부모로 섬기지 않았고, 자신의 자식만을 자식으로 사랑하지 않았으며, 노인은 여생을 편안히 마칠 수 있게 하고, 장년은 일자리가 있으며, 어린이는 잘 성장할 수 있도록 하고, 과부와 고아, 자식 없는 외로운 사람 그리고 장애인과 질병에 걸린 사람들은 모두 다 부양을 받을 수 있게 하며, 남자에게는 자신의 직분이 있고, 여자에게는 자기의 가정이 있다. 재물이 땅에 버려지는 것을 싫어하지만, 시유히여 숨겨두지 않았고, 일하지 않는 것을 미워했지만 자신만을 위해 일하지도 않았다. 이렇기 때문에 모략이 있을 수 없었고, 도적이나 폭력이 없었으며, 아무도 문을 잠그는 일이 없었다. 이러한 세상을 대동이라 한다. 지금은 대도가 숨어버리고 천하는 사유가 되었다. 사람들은 모두 자신의 부모만 부모로 대하고, 자신의 자식만 자식으로 대하며, 재화와 노력은 자신만을 위하여 사용한다. 천자와 제후들은 그 지위를 세습하는 것을 예라고 여기고, 높은 성곽과 깊은 해자를 파는 것을 굳건한 방비라고 여긴다. 예와 의를 기강으로 삼아 그것으로 군주와 신하의 관계를 바로잡고, 부자 관계를 돈독히 하며, 형제 사이를 화목하게 하고, 부부를 화합하게 한다. 또 그것으로 제도를 만들며, 밭과 마을의 경계를 세우고, 용맹과 지혜를 존중하며, 자기를 위하여 공을 세운다. 그러므로 간사한 꾀가 생겨나고, 전쟁도 이로 인해 일어난다. 우·탕·문왕·무왕·성왕·주공은 이 예를 써서 뛰어난 업적을 이루었다. 이 여섯 군자는 예를 실행하는 데 힘을 다하지 않은 적이 없다. 그렇게 하여 의를 드러내고 믿음을 입증했으며, 과실을 밝히고 인을 본받으며 사양하는 것을 가르쳐 백성에게 영원한 도를 보여주었다. 만약 이것을 따르지 않는 자가 있으면 권세가 있는 자라도 백성으로부터 배척당하여 끝내는 멸망했다. 이런 세상을 소강이라 한다.

『예기』 「예운·대동」

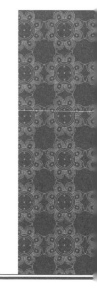

『예기』 등에서는 대동의 세계를 '천하위공天下爲公'의 원리로 설명하고 있다. 정치가 개인의 이익을 위한 것이 아니라 모든 사람의 이익을 위하는 것임을 밝힌 것이다. 즉, 천하위공의 정신을 토대로 하여 어질고 능력 있는 자를 선발함으로써 공평하고 어진 정치를 실행하게 된다. 그 결과 모든 사람이 각자 생업에 종사하게 되어 생활의 안정이 이루어져 민생의 문제를 해결하며, 서로 화목하게 되어, 모든 사람이 평화롭고 행복한 삶을 살 수 있는 세계가 바로 "대동"인 것이다. 소강사회는 '천하위공'의 대도가 은폐되어 숨어버린 사회로, '천하위가天下爲家'라 하여 자식에게 세습되고 사적인 혈연관계를 중심으로 움직이는 사회다. 천하적인 규모에서 인류 전체의 이익 실현의 공동성을 공이라고 했다.

공公, 천하의 기준이 되다

춘추에 신하에게 큰 상이 있으면 군주는 3년 동안 부르지 않는
다고 했는데, 민자는 어버이의 죽음을 접했을 때 상복을 차려입
고 병역에 나아가 공난으로 달려갔는데, 얼마 후 물러나 위를 군
주에게 되돌려주고 사은을 다했다. 그러므로 춘추에 군주가 그
를 쓴 것은 잘못이다. 신하가 그것을 행한 것은 예다.

『후한서』 「곽진열전」

중국 헌·당대 이후 공에 대한 이해는 충효 개념과 얽히면서 복잡한
양상을 띠게 된다. 이 사례는 후한대 곽진의 사례로, 공적 영역의 존재
를 우선하고 있는 모습을 볼 수 있다. 나라나 관에서 군신 관계의 공과
더불어 가에서 부자 관계의 사도 존재할 수 있는 여지가 있었던 것이다.

무릇 천지의 상도常道는 그 마음이 만물 속에 두루 차 있어서 사
사로운 마음이 없으며, 성인의 상도는 그 감정이 만물에 순응하
여 사사로운 감정이 없습니다. 그러므로 군자의 학문은 텅 비워
크게 공정하되[郭然大公] 사물이 다가오면 그 원리에 순응하는 것
보다 더 큰 것이 없습니다. 『역』에 이르기를 "점이 길하고 후회할

것이 없다. 뜻이 정해지지 않은 채로 오고가니 벗이 그대의 생각을 따를 것이다"라고 했습니다. 이러한 상태에서 바깥의 유혹을 제거하려고 애를 써도 동쪽에서 없어지면 서쪽에서 생겨날 것입니다. 비단 시일이 부족할 뿐만 아니라, 그 유혹의 실마리가 끝이 없을 것이니 바깥의 유혹을 제거한다는 것은 불가능하다 할 것입니다. 사람의 감정은 각기 은폐된 바가 있어서 도道에 나아가기가 어렵습니다. 대략 그 병통은 사사로운 마음과 잔꾀를 부림 때문입니다. 사사로운 마음이 있으면 실천에 있어서 사물의 자취에 적절히 대응할 수 없고 잔꾀를 부리면 광명한 알아차림이 자연스러울 수 없습니다.

정호, 「정성서」

【근사록 1】 원문 16

인仁의 도道는 요컨대 공公이라는 한 글자로 설명할 수 있다. 그러나 공公은 인仁의 이理이므로 바로 인이라고 할 수는 없다. 공을 실현하여 자기 자신이 이를 직접 체현해야지만 인이라고 할 수 있다. 공을 실현하면 사물과 자기 자신을 서로 비추어 볼 수 있다. 그러므로 인을 체득하면 서恕, 즉 남을 이해하고 동정할 수 있으며 또한 남을 사랑할 수 있다. 남을 이해하고 동정하는 서는 인을 베푸는 수단이고 애는 인의 성과다.

주자·여조겸, 「근사록」 「위학」

공公, 천하의 기준이 되다

중국 송대에 이르면 공의 개념은 천리天理·인욕人慾 등의 개념과 결합하면서 새로운 국면으로 전환된다. 정호는 공을 천지자연의 마음과 서로 밝게 통하며 사물에 순응하는 것이라고 보았다. 군자의 학문은 특정한 마음이나 특정한 감정에 치우치지 않는 것으로, 순응하는 것을 말한다. 주자는 특히 그의 사상적 토대인 천리天理, 인仁 개념과 결합하여 말했다. 공은 사와 대비되어 설명되며 사람과 사람 그리고 사물과 사물들 사이를 단절하고 분리하는 사사로움과 달리 천지 만물의 공생과 조화를 지향한다.

【퇴계집 1】 원문 17

주자朱子가 말하기를, "인仁이리는 깃은 천지가 만물을 낳는 마음이요, 사람이 이것을 얻어서 마음으로 삼는 것이다. 아직 발현하기 전에 사덕四德 인의예지仁義禮智이 구비되어 있는데, 오직 인만이 이 네 가지를 포함하고 있다. 그리하여 함육涵育하고 혼전渾全하여 거느리지 않음이 없으니, 이른바 생生의 성性이요, 애愛의 이理로, 이것이 인의 본체다. 이미 발현된 즈음에는 사단四端이 나타나는데, 오직 측은惻隱만이 사단을 관철하고 있다. 그리하여 두루 흘러 관철하여 통하지 않음이 없으니, 이른바 성性의 정情이요, 애愛의 발현으로, 이것이 인의 작용이다. 전체적으로 말하면 미발未發은 체體이고 이발已發은 용用이며, 부분적으로 말하면 인은 체이고 측은은 용이다. 공公이라는 것은 인을 체득하는 것이니, '사심을 극복하여 예禮로 돌아감이 인이 된다'고

하는 말과 같다. 대개 공은 인이요 인은 애이니, 효도하고 공경하는 것은 그 작용이고 서恕는 인을 베푸는 섯이며 시각知覺은 이것을 아는 일이다" 했습니다. 또 그는 말하기를, "천지의 마음은 그 덕이 넷이 있어서 원元·형亨·이利·정貞이라 하는데, 원은 통하지 않음이 없다. 그것이 운행하면 차례로 춘하추동春夏秋冬이 되는데, 봄의 생기生氣가 통하지 않음이 없다. 그러므로 사람의 마음에도 그 덕이 넷이 있어서 인仁·의義·예禮·지智라 하는데, 인은 포괄하지 않는 것이 없다. 그리고 그 인·의·예·지가 발현하여 작용하면 애愛·공恭·의宜·별別의 정情이 되는데, 측은하게 여기는 마음은 관통하지 않음이 없다. 무릇 인의 도는 곧 천지가 만물을 낳는 마음으로, 만물에 있어 정이 발현되기 전에 이미 이 본체가 갖추어져 있고, 정이 발현하면 그 작용이 무궁하다. 진실로 이를 본받아 보존하면 온갖 선善의 근원과 모든 행실의 근본이 이에 있지 않음이 없다. 이것이 공문孔門의 교육이 반드시 배우는 이로 하여금 인을 구하는 데 급급하게 하는 까닭이다. 공자는 '사심을 극복하여 예로 돌아감이 인이 된다' 했으니, 이는 자기의 사심을 제거하고 천리天理로 돌아갈 수 있으면 이 마음의 체體가 있지 않음이 없고, 이 마음의 용用이 행하지 않음이 없음을 말한 것이다"라고 했다.

『퇴계집』권7 차 「진성학십도차」 인설

퇴계는 주자의 논리를 이어서, 공은 공정하고 무사한 것으로 인을 베

풀 수 있는 방법이라 했다. 나아가서 이런 공정한 마음으로서 공은 자연법적 질서인 천리天理와 동일시된다. 즉 천리=공=공정 무사한 윤리 원칙은 결국 인을 베푸는 것이라고 했다.

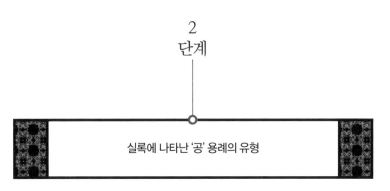

2
단계

실록에 나타난 '공' 용례의 유형

【조선왕조실록 1】 원문 18

대사헌 성봉조成奉祖가 아뢰기를, "의산위宜山尉 남휘南暉는 서울
의 복판에서 중들을 모아 불상佛像을 만들었으니, 그 방자한 것
이 심한데, 특별히 의친議親으로서 용서해주시니 미편未便합니
다" 했으나, 임금이 윤허하지 않았다. 우참찬 허후許詡가 아뢰기
를 "남휘는 부마駙馬로서 임금의 은혜가 이미 극도에 달했으니,
마땅히 공경하고 두려워해야 할 것인데도 이것은 돌보지 않고서
사사로이 불상을 만들었으니 그 죄가 한 가지요, 금·은을 마음
대로 사용했으니 그 죄가 두 가지요, 도성 안에서 중들을 모았으
니 그 죄가 세 가지요, 불사佛事를 크게 일으켰으니 그 죄가 네 가
지입니다. 이 네 가지 불법不法을 범했으니, 그가 기탄忌憚이 없는
것이 극도에 이르렀습니다. 옛사람의 말에, '법이 시행되지 않는

것은 먼저 존귀尊貴하고 친근親近한 사람으로부터 시작되었기 때문이다' 했으니, 만약 벌을 가하지 않는다면 이후에는 징계할 사람이 없을 것이니, 원컨대 사헌부의 말을 따르소서" 하니 임금이 말하기를 "만약 죄가 있다면 비록 대신大臣일지라도 마침내 용서하지 않을 것이다. 그러나 대신을 대우하는 것은 상인常人과는 다르니, 의산위宜山尉가 범한 바는 방자해서 기탄忌憚이 없는 것은 아니다" 했다. 호조판서 윤형尹炯과 예조판서 이승손李承孫과 좌사간대부左司諫大夫 임효인任孝仁 등이 아뢰기를 "법이란 것은 공도公道이니 사정私情으로써 공도를 폐할 수는 없습니다" 했다.

『문종실록』 권12, 2년(1452) 3월 22일(을묘)

1452년(문종 2) 3월 호조판서 윤형과 예조판서 이승손 등은 부마인 의산위 남휘의 처벌을 요청하면서 "법은 공도다"라고 했다. 당시 남휘가 서울 안에서 중들을 모아 불상을 만든 일이 있었는데 이것이 발각되어 논란이 있었다. 대부분의 신료가 그의 처벌을 주장했는데, 특히 우참찬 허후는 사사로이 불상을 만든 점, 금과 은을 마음대로 사용한 점, 도성 안에 중들을 모은 점, 불사를 크게 일으킨 점 등 죄목을 구체적으로 적시하면서 남휘의 처벌을 요구했다. 이에 대해 문종은 대신의 대우는 상인常人과 달라야 한다고 하면서 남휘의 행동이 "방자해서 기탄이 없는 것은 아니다"라고 하며 처벌을 유보했던 것이다. 그러자 윤형 등이 법을 공도라고 하면서 문종의 처사를 사정私情으로 규정했던 것이다.

대사헌 김익정金益精 등이 상소하기를 "신 등은 그윽이 생각건대 덕이 있는 사람을 높이고, 공功이 있는 이에게 보답하는 것은 나라의 좋은 법이며, 악한 것을 징계하고, 선한 것을 권장하는 것은 아랫사람을 다스리는 큰 권위이니, 이 두 가지는 어느 한 쪽에 치우치거나 어느 하나를 폐지할 수 없습니다. 본조本朝의 삼공신三功臣은 이미 불세不世의 공이 있으니 마땅히 세상에 드문 은총을 받아야 합니다. 그런 까닭에 우리 태조·태종께서 그들의 작위爵位의 차례를 높여, 그들의 몸을 존귀하고 영광스럽게 했고, 넉넉함이 후세後世까지 미쳐서 그들의 자손을 사랑하고 평안하게 했습니다. 전하께서는 또 공신의 자손들을 충의위忠義衛에 소속하게 하여, 어질거나 어리석거나를 논하지 않고 다 작위爵位를 받게 하셨습니다. 덕이 있는 이를 높이고 공이 있는 이에게 보답함이 이보다 더할 수 없습니다. 공신의 자손된 자는 소심小心하고 근신謹愼하여, 조부와 아버지의 충성을 본받고 성덕聖德의 만분의 일이라도 보답하는 것이 바로 그들의 직분입니다. 그런데 그중에는 나이 젊은 광란狂亂하고 망명된 무리가 있어, 성상의 은혜를 생각지 않고 나라의 법령을 두려워하지 않아 욕심을 함부로 부리며 행동을 망령되게 하여, 짐짓 방종放縱하게 법을 범하는 자가 있으며, 1년에 재범再犯하는 자도 또한 있습니다. 그러나 죄의 경중을 막론하고 모두 다 용서를 받으니 악을 징계

하고 선을 권장하는 뜻에 어그러짐이 있을까 두렵습니다. 만약 징계하는 길이 없어 교만하고 방종함이 심한 버릇으로 길들여진다면, 뒷날에 혹 중죄를 범하여 보전함을 얻지 못할 자가 있을지 어찌 알겠습니까. 신 등이 삼가 대명률을 상고해보니, 은폐차역隱蔽差役 조에는 이르기를 '공신으로 차역差役 도피자를 용납해 숨겨준 자는, 초범이면 죄를 면제하고 명부에 죄과명罪過名을 부기하며, 재범이면 봉급 반액의 지급을 중지하고, 삼범이면 전액을 지급하지 않으며, 사범이면 논죄論罪한다'고 했고, 도매전택盜賣田宅 조條에는 이르기를 '만약 공신으로서 초범이면 죄를 면제하고 명부에 죄과명罪過名을 부기하며, 재범이면 봉급 반액의 지급을 중지하고, 삼범이면 전액을 지급하지 않으며, 사범이면 일반 사람과 같이 처벌한다'고 했습니다. 이것은 시왕時王의 제도이므로 따르지 않을 수 없습니다. 원하옵건대 지금부터는 공신의 자손으로 사죄私罪를 범한 자는 즉시 이소吏曹에 공문公文을 보내 명부에 죄명을 기입하게 하고, 삼범은 법률대로 시행하게 하며, 원종공신原從功臣과 그 자손은 재범하면 곧 처벌하게 하여, 범법犯法의 근원을 막고 길이 공신의 후손을 보전하게 한다면 공도公道를 위하여 매우 다행이겠습니다" 하니, 의정부와 육조에 내려 같이 의논하여 계주啓奏하라고 명했다. 모두 아뢰기를, "사헌부가 계啓한 것에 따르는 것이 옳습니다" 했다. 임금이 말하기를 "내가 법사法司에서 계주했기에 즉시 의논하라고 명령한 것이다. 그러나 이때에 꼭 해야 할 일이 아니니 아직 잠깐 보류保留하라"

했다.

『세종실록』 권30, 7년(1425) 12월 10일(을해)

1425년(세종 7) 12월 10일 대사헌 김익정金益精 등이 건국 초에 녹훈된 삼공신三功臣 자녀들의 사죄私罪에 대해서는 『대명률』을 근거로 처벌하여 공도公道를 보전하자고 주장한 바 있다. 당시 김익정 등이 건의한 내용은 공신의 자손으로 사죄를 범한 자는 즉시 이조에 공문을 보내 명부에 죄명을 기입하게 하고 삼범三犯은 법률대로 시행하며 원종공신과 그 자손은 재범하면 처벌하자는 것이었다. 김익정 등의 주장의 근거는 대명률로, 이를 시왕時王의 제도라 하여 시행하자고 건의한 것이다. 김익정 등의 건의는 의정부와 육조의 논의를 거쳐 시행하는 것이 타당하다는 내용으로 국왕에게 의견이 올라갔으나, 세종은 "이때에 해야 할 일이 아니다"라며 이를 보류시켰다. 사죄에 대한 제재 조항마저 받아들여지지 않은 상황은 이 시기 공도 실현의 특성이자 한계를 보여준 것이었다.

【조선왕조실록 3】 원문 20

경기·충청·경상·전라·강원·함길도 감사와 제주도 안무사安撫使에게 전지하기를 "사신이 미체美髢를 구하니, 녹흑색綠黑色으로 연세軟細하면서도 극히 긴 것을 국고의 미두米豆로 다량 무역하여 시일에 미치도록 올려 보내라" 했다. 함길도 감사에게 전지하기를 "명나라에 바칠 금웅피金熊皮를 품질이 좋은 것으로 택하여 공사의 물품으로 무역하여 올려 보내도록 하라" 했다.

『세종실록』 권27, 7년(1425) 2월 2일(임인)

【 조선왕조실록 4 】 원문 21

재용財用을 넉넉하게 하는 방도에 대해 논하기를 "전하께서 풀로 옷을 해 입고 나무껍질을 먹어야 한다는 전교傳敎가 윤음綸音에 발론되었는데도 아래에 있는 사람들이 잘 도양導揚하지 못하고 있으니, 이것이 신이 개탄스럽게 여기는 이유인 것입니다. 신은 원컨대 금년부터 1년에 수입收入되는 새부財賦의 나소多少를 논할 것 없이 그것을 다섯으로 나누어 그중 5분의 1은 덜어서 남겨두고 나머지 5분의 4로 1년의 경용經用에 충당하게 해서 5년 동안 계속한다면 1년의 저축이 이루어질 것이고, 15년 동안 계속한다면 3년의 저축이 이루어질 것입니다. 의논하는 사람들은 말하기를, '1년의 수입으로써 1년의 경비를 잇댈 수 없는 형편인데 5분의 4로 어떻게 경비를 지탱해 갈 수 있겠는가?' 하는데, 이는 진실로 옳은 말입니다. 그러나 용관冗官·용리冗吏를 태거汰去시킨다면 헛되이 녹을 먹는 사람이 적어질 것이고, 또 성상의 공궤供饋하는 것에서부터 아래의 봉록俸祿과 요포料布에 이르기까지 순차적으로 감면시켜 모름지기 5분의 4의 수량에 준하도록 한다면 잇대기 어려운 걱정이 없을 것입니다. 무릇 이미 이렇게 잘했다면 미포米布가 축적됐을 것입니다. 매년 왜인倭人이 공납貢納하는 생동生銅이 거의 수십 만 근이 넘는데, 이것이 궁각계弓角契에 녹아 없어지고 있습니다. 지금 만약 이를 모아 해를 걸려 주조鑄造하게 하는 한편, 산과 바다 안에서 생산되는 어염魚鹽 가운데 사문私門으로 들어가는 것도 모두 탁지度支에서 주관하게 한다면, 바다에서 굽고 산에서 주조하는 것의 이익이 흥성될 것입니다. 은銀은 우리나라에서 생산되는 것이 아닙니다. 그러나 삼蔘을 캐는 잠상潛商을 철저히 방지하고 팔포八包가 외람되이 가지고 가는 것을 엄중히 금한다면 왜은倭銀이 날로 이르게 되고 중국으로 들어가는 수량은 줄어들 것입니다. 그렇게 되면 은화銀貨를 쓸 수 없게 될 것입니다" 했다.

『영조실록』 권37, 10년(1734) 1월 5일(임오)

이 기록은 공과 사를 대비시켜 표현한 기록이다. 대개 공은 국가나 관청 그리고 사는 개인을 지칭하는 경우가 많다. 그러나 동양적인 공사 관념은 상대적이어서, 반드시 사가 개인을 지칭하지 않는 경우도 있다. 2-4에 등장하는 사문은 개인이 아니고, 관청이나 아문 혹은 궁방을 지칭하는 것이다. 즉 공은 국가나 중앙 관청을, 사는 지방 관청이나 왕실 등을 지칭하기도 했다.

주자朱子가 말하기를 "정자程子는 서명이 '이일분수理一分殊'를 밝힌 것이라고 했다. 무릇 건으로 아버지를 삼고 곤으로 어머니를 삼는 것은, 생명이 있는 것은 모두 그러하지 않음이 없으니, 이른바 '이일理一'이다. 사람과 만물이 태어남에 있어 혈맥을 지닌 무리는 각각 그 어버이를 어버이로 하고 그 자식을 자식으로 하니, 분수가 어찌 다르지 않겠는가. 하나로 통합되었으면서도 만 가지로 다르니 천하가 한 집이고 중국이 한 사람과 같다 하더라도 겸애兼愛하는 폐단에 흐르지 않고, 만 가지가 다른데도 하나로 관통했으니 친근하고 소원疎遠한 정情이 다르고 귀하고 천한 등급이 다르다 하더라도 자기만을 위하는 사사로움에 국한되지 않으니, 이것이 서명의 대강의 뜻이다. 어버이를 친근하게 여기는 두터운 정을 미루어서 무아無我의 공심[公]을 기르고, 어버이를 섬기는 정성으로 하늘을 섬기는 도를 밝힌 것을 보면, 어디를 가도 이른바 분수가 서 있고 '이일'을 유추하지 않는 것이 없다" 했습니다. 또 그는 말하기를 "서명의 앞부분은 바둑판과 같고 뒷부분은 사람이 바둑을 두는 것과 같다"고 했습니다.

○ 구산 양씨龜山楊氏는 말하기를 "서명은 '이일분수'에 대한 것이다. '이일'임을 알기 때문에 인을 행하고, '분수'임을 알기 때문에 의義를 행하는 것이다. 이것은 맹자가 어버이와 친한 뒤에 백성을 사랑하고, 백성을 사랑한 뒤에 만물을 아낀다고 한 말과 같

다. 그 분수가 같지 않기 때문에 베푸는 것이 차등이 없을 수가 없는 것이다" 했습니다.

○ 쌍봉 요씨雙峯饒氏는 말하기를 "서명의 앞 1절은 사람이 천지天地의 아들이 됨을 밝혔고, 뒤 1절은 사람이 천지를 섬기는 것을 마치 자식이 부모를 섬기는 것 같이 해야 함을 말한 것이다" 했습니다.

○ 앞의 명은 횡거橫渠 장자張子(장재張載)가 지은 것입니다. 처음에 정완訂頑이라고 이름 붙였었는데, 정자가 고쳐서 서명이라 했고, 임은 정씨林隱程氏가 이 그림을 만들었습니다. 대개 성학聖學은 인仁을 구하는 데 있습니다. 모름지기 이 뜻을 깊이 체득해야 바야흐로 천지 만물과 더불어 일체가 됨이 진실로 이러하다는 경지를 볼 수가 있을 것입니다. 그렇게 되면 인을 실현하는 공부가 비로소 친절하고 맛이 있어서 망망茫茫하여 손댈 수 없는 걱정을 면할 것이요, 또 물物을 자기로 아는 병통도 없어져서 심덕心德이 온전할 것입니다. 그러므로 정자는 말하기를, "서명은 뜻이 극히 완비되었으니, 곧 인의 체體다" 하고, 또 "이것이 가득 차서 다할 때에 성인이 된다" 했습니다.

『퇴계집』 권7 차 「진성학십도차·서명설」

이황은 이 글에서 사적 영역과 공적 영역을 분리하지 않고 연속적으로 확산되어가는 구도로 이해했다. 친친親親이라는 인간의 규범이 무아

공公, 천하의 기준이 되다

無我라는 공적인 덕성으로 확대되는가는 「서명」의 논리 구조를 '만수萬殊에서 일리一理'라는 연속성의 명제로 설명하고 있다. 성리학에서는 이처럼 친친이라는 규범을 무아지공으로 연결될 수 있는 것으로 보았다.

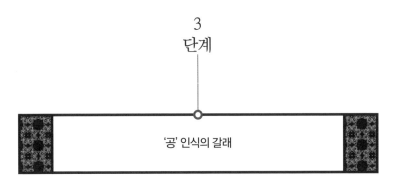

3
단계

'공' 인식의 갈래

【퇴계선생문집 6】 원문 23

대간이 상언하여 이저에게 고신을 주지 말도록 청했으나 윤허하지 않았다. 상소하기를 "이저李佇의 죄는 왕법王法으로 용서할 수 없으므로, 신 등이 재삼再三 상언하여 그의 고신을 돌려주심은 불가하다고 했으나, 전하께서는 이저의 죄가 아비와 같지 않다하여 윤허하시지 않을 뿐 아니라, 즉시 서울로 소환하시고 또 그 고신을 주도록 명하시니, 신 등이 그윽이 생각하건대 죄가 만일 같지 않았다면 당시의 여러 신하가 상청上請했을 때 전하께서 처단케 하셨으니, 어찌 한 말씀이 같다 하겠습니까? 이저의 죄와 그 아비의 죄가 만일 같지 않다면 마땅히 분명하게 변정하도록 하여, 온 나라의 사람들로 하여금 모두 그 실정을 알게 한 뒤에 시행하더라도 누가 불가하다고 하겠습니까? 그렇지 않다면 후세

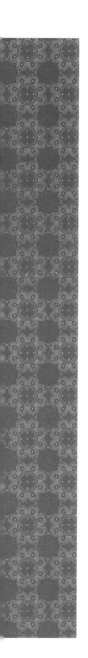

에서 전하께 '사은私恩으로써 왕법王法을 폐했다'고 할까 염려되니, 엎드려 바라건대 전하께서는 유의留意하소서" 하니, 답하지 않았다. 대간이 이에 예궐詣闕하여 아뢰기를 "이저 부자는 만세에 용서 못할 죄인인데, 오늘의 부르심은 사은私恩으로써 공도公道를 없애는 것입니다" 하니, 임금이 말하기를 "부자父子의 죄는 서로 미치지 않으니 오늘 이저를 부름은 사은이 아니라 곧 공도인 것이다" 했다. 대간이 또 아뢰기를 "그 당시는 부자의 죄를 가리지 않으시다가 오늘날에 이르러 어찌 경중輕重을 가리십니까?" 했으나 임금이 끝까지 윤허하지 않고 여러 대언에게 이르기를 "내가 되풀이해 생각해보아도 대간이 내 명령을 좇지 아니함은 대간만의 뜻[意]이 아니리, 비로 조정朝廷의 뜻이다. 내가 덕이 없어 나라 임금으로 부당하므로 신하가 명령을 좇지 않으니 내 감히 청정聽政할 수 없다. 너희들은 모두 나가라" 하고, 드디어 노희봉盧希鳳에게 명하여 대인들을 내보내고 원문院門을 봉하여 닫았다. 지신사 황희黃喜와 입직 대언入直代言 윤향尹向이 물러나와 총제청摠制廳에 이르러 아뢰기를 "신 등에게 죄가 있으면 책벌責罰을 달게 받겠습니다. 이제 대간 때문에 신 등을 모두 내치시니 무슨 근거인지 알지 못하나, 인주人主의 일언일동一言一動은 만세에 전하는 것인데, 신 등이 어찌 출입의 어려움을 가지고 따지겠습니까? 또 중관中官으로 하여금 대언사代言司를 닫게 하시니 신 등은 위로는 엄하신 뜻[嚴旨]을 두려워하고, 아래로는 맡은 바 직책을 두려워합니다. 황공하고 운월殞越하여 어찌할 바를 알지

못하겠습니다" 하니, 임금이 말하기를 "너희도 나를 가볍게 여기느냐?" 하고 이윽고 노희봉으로 하여금 대언사의 봉쇄를 풀게 하고는, 명하여 말하기를 "당직 대언當直代言은 계사啓事하지 말라" 했다.

「태종실록」 권12, 6년(1406) 윤7월 22일(기묘)

  태종대인 1406년(태종 6) 상당후上黨候 이저李佇의 문제를 둘러싸고 사간원 등에서 공도의 구현을 지적한 바 있다. 이저는 태종의 부마로 1404년(태종 4) 10월 부친 이거이李居易 등과 함께 태종의 시해를 모의 했다는 이유로 귀양형에 처해졌던 인물이다. 이저는 그로부터 얼마 지나지 않은 같은 해 10월 24일에 폐서인廢庶人의 처벌을 받았다. 당시 대간을 비롯한 많은 조정의 관원은 그의 정법正法을 주장했으나 국왕이 받아들이지 않았다. 오히려 이저는 처음에는 함주咸州에 유배되었다가 얼마 지나지 않아 이천利川으로 옮겨졌다가 이듬해인 1405년(태종 5) 6월에는 그의 입경入京이 논의될 정도로 파격적인 대우를 받았다. 그리고 실제로 같은 해 6월 7일에 입경했고, 1406년(태종 6) 그에게 관직 제수를 위해서 고신告身을 환급했으며, 같은 해 윤7월에 다시 입경했다.

  이러한 국왕의 처사에 대해서 사헌부 등 관원들은 그것의 부당함을 지적했으나, 태종은 끝내 그 명령을 철회하지 않았다. 당시 대간을 중심으로 한 신료들은 이저의 죄는 왕법으로써 용서할 수 없는 것인데, 이저에 대해 이같이 대우하는 것은 국왕의 사은私恩이라고 규정하면서, 공도의 실천을 주장했다. 한편 이런 논란 속에 주목되는 것은 태종 역시도 자신의 행동을 사은私恩이 아니라 공도公道라고 하고 있다는 점이다. 태종이 이를 공도라고 표현한 이유는 부자父子의 죄는 서로 미치지 못한다는 이른바 연좌제를 적용할 수 없다는 것이었다. 그러나 태종의 논리는 당초에 부자의 죄를 가리지 않았다는 대간들의 논리로 본다면 궁색한 면이 없지 않다. 결국 태종은 대간들의 계속된 공방 속에서 정사를 중지하고 승정원의 문을 닫는 강경책을 통해서 대간의 입을 막으려고 했다. 언관들의 공도 실현이라는 주장에 대해 국왕들은 태종의 경우처럼 스스로 공도를 언급하여 대처하는가 하면, 후술하는 바와 같이 공론의 주체를 의정부로 보고, 의정부에 내려 논의하게 함으로써 언관들의 주장을 차단하는 일들이 자주 발생했다.

사간원에서 민무구閔無咎·민무질閔無疾의 죄를 청했는데, 그 소에 이르기를 "생각하옵건대, 법이라는 것은 천하의 공공물公共物이어서 사私로써 폐하지 않고 친親으로써 해하지 않은 연후에야 천하에 행할 수 있는 것입니다. 지난날 민무구·민무질 등의 불궤한 죄는 마땅히 극형에 처해야 하는데, 전하께서 인친姻親인 까닭으로 인해 특별히 가벼운 법전에 좇으시어 각각 그 시골에 안치安置했으니, 이것이 비록 전하의 살리기를 좋아하는 은혜[好生之恩]이나 천하의 대의大義에 어떠합니까? 무구와 무질 등의 불궤한 죄는 천지天地·조종祖宗이 함께 주벌誅罰하는 바이고, 일국의 신민이 불공대천不共戴天하는 바이니, 실로 전하께서 사사私私로 할 수 있는 것이 아닙니다. 지난해에 가뭄이 심하여 기근飢饉이 거듭 이르렀고, 지금 여름철을 당하여 서리가 내리고 안개가 끼며, 지진地震이 일고 바람이 차니, 이것은 비록 무구 등이 불궤不軌를 음모陰謀한 소치이나, 신 등은 또한 전하께서 형벌을 잘못하여 그런 것이 아닌가 두렵습니다. 옛적에 성왕成王이 죄인을 잡으매 하늘이 바람을 돌리[反風]고, 세월歲月이 풍년豐年이 들었으니, 하늘과 사람이 서로 감응하는 이치가 현저하지 않습니까? 듣자옵건대, 무구와 무질 등이 조정 사신使臣에게 인연夤緣해서 참소讒訴를 당했다고 호소하여, 도리어 전하로 하여금 참소를 믿는 과실을 얻게 했다 하니, 그 흉역凶逆한 것을 어찌 이루 다 말할 수 있겠습니까? 엎드려 바라옵건대, 전하께서는 은혜를 끊고 법대로 거행하여 그 죄를 밝게 바루어서, 천지의 마음에 답하고 신민臣民의 바람[望]을 쾌快하게 하소서" 했으나, 궁중에 머물러 두고 내리지 않았다.

『태종실록』 권15, 8년(1408) 5월 22일(경오)

법은 "천하공공지물天下公共之物"로 표현되면서 사私와 친親으로서도 폐할 수 없는 것으로 표현되기도 했고, 1409년(태종 9) 4월에는 지평 조서로 등이 민무구와 민무질 등을 법에 의해 처단할 것을 주장하면서 법을 "천하지공天下之公"이라 표현하기도 했다. 또한 법은 "만세공공지기萬

공公, 천하의 기준이 되다

世公共之器"라고 표현되기도 했다. 여기서 법은 법령 혹은 제도를 의미하기도 하지만, 그보다는 인간의 자연적 본성에 근거한 천리天理 혹은 인정仁情 등과 같은 의미로 파악된다. 그리고 법을 공도나 천하지공 등으로 표현한 것은 법 집행의 공정성 내지 공평성을 함축하고 있는 것이다. 즉 당시 논자들에게 법은 국가 운영을 위한 법령이나 제도라는 의미와 함께 천리나 인정을 의미하며, 동시에 법 집행에서 공정성과 공평성을 의미했다.

밤에 비망기備忘記를 내렸는데, 이르기를 "참으로 작은 이 소자小子가 국세國勢가 몹시 어려운 때를 당하여 외람되게 선왕께서 부탁하신 큰 기업基業을 이어받았는데, 혜택이 소민에게 미치도록 강구하지 못하여 재이災異가 거듭 겹쳐 나타나게 되었으니, 낮이나 밤이나 위구危懼하여, 썩은 새끼로 말을 모는 것 같아 몹시 두렵다. 올여름의 한없는 재이는 옛날에도 없던 바로서 절후는 망종芒種이 이미 지났고, 신神에게 규벽圭璧을 다 바쳤는데, 거센 바람만 계속 불고 비가 올 조짐은 더욱 아득하기만 하다. 비록 잠시 가랑비[濛霖]가 내렸다 하나, 큰 화로에 몇 점의 눈이 내린 것과 같을 뿐이었다. 5일 동안 비가 내리지 않으면 오히려 보리도 없다고 했는데, 하물며 지금 해마다 흉년이 들어 백성의 곤궁함이 바야흐로 지극한 나머지 가뭄의 참혹함이 또 이에 이르렀으니, 우리의 생령生靈이 불쌍하고 나라의 운수도 다한 듯하다. 말이 이에 이르니 부지불각 중에 심기가 얼어붙고 기가 막힌다. 지진의 변괴에 이르러서는 또 수일 동안 겹쳐 발생하고 있으니, 어떤 모양의 화기禍機가 그 어두운 속에 잠복하고 있어 하늘의 경고가 이와 같이 순순諄諄하고 정녕丁寧한지 알지 못하겠다. 조용히 생각해보건대 허물은 한 사람에게 달려 있으므로 먹고 쉬는 사이에도 편안하지 못하여, 어찌할 바를 모르겠다.

승지承旨는 나를 대신하여 교지敎旨를 써서 널리 직언直言을 구하여 미치지 못하는 바를 광정匡正하게 하라. 기타 감선減膳·철악撤樂·금주禁酒 등의 일은 마땅히 해조該曹로 하여금 일률적으로 곧 거행하게 하라. 아! 지금의 이 재앙[災沴]은 진실로 과매寡昧의 부덕否德에 말미암은 것이로되, 여러 신하에게 있어서도, 어찌 서로 면려勉勵하는 도리가 없겠는가. 아! 그대들 대소 신료는 나의 지극한 뜻을 본받아 힘써 공경하고 화합해서 한결같이 자신의 사사로운 뜻을 끊어버리고 탕평蕩平의 공도公道를 넓히도록 하되, 무릇 폐정弊政에 관계된 국가에 무익하고 백성에게 유해한 것을 또한 마땅히 재량裁量하여 변통해서 이 난국을 다스리도록 하라" 했는데, 정원政院에서 곧바로 성교聖敎로써 포고[播告]할 것을 청하고, 재차 아뢰니 그대로 따랐다.

『숙종실록』 권11, 7년(1681) 5월 2일(갑인)

【조선왕조실록 9】 원문 26

하교하기를 "아! 모든 신민은 모두 내 가르침을 들으라. 붕당의

폐해가 『가례원류家禮源流』가 나온 뒤부터 점점 더하여 각각 원수를 이루어서 죽이려는 것으로 한계를 삼아왔다. 아! 마음 아프다. 지난 신축년·임인년의 일은 그 가운데 반역할 마음을 품은 자가 있기는 하나 다만 그 사람을 죽여야 할 뿐이지, 어찌하여 반드시 한편 사람을 다 죽인 뒤에야 왕법王法을 펼 수 있겠는가? 옥석을 가리지 않고 경중을 가리지 않아서 한편 사람들이 점점 불평하게 하는 것은 이 또한 당습黨習이다. 한편 사람이 '선조先朝의 처분이 보책寶冊에 새겨 있는데 후왕後王이 어찌 감히 그 사이에서 쓰고 버릴 수 있겠는가?' 하나, 이것은 아주 그렇지가 않다. 우리 성고聖考께서 신장宸章에 성의聖意를 보이신 것은 당습을 진정시키려는 성대한 뜻이니, 신하의 도리로서는 탕평할 마음을 품고 공도公道를 힘써야 도리가 당연한데, 만약 지위를 잃을까 걱정하는 마음이 속에 싹트고 무엄한 뜻이 가슴속에 개재되어 있다면 다스려야 하겠는가, 다스리지 않아야 하겠는가? 아! 선왕에 대하여 공경하지 않는 마음이 있다면 후왕에게 어찌 충성한다 할 수 있겠으며, 선왕에 대하여 충성을 다하는 마음이 있다면 후왕에게 어찌 충성하지 않는다 할 수 있겠는가? 아! 나라의 계책을 세우는 것은 곧 나라의 공公을 위한 것이요 한 사람의 사私를 위한 것이 아닌데, 당사자가 어찌 감히 스스로 충성했다고 말할 수 있겠는가?

전사前史를 두루 보건대, 신하인 자가 정책定策한 것을 스스로 공功으로 여기면 권세가 아래로 옮겨지지 않은 일이 드물었다. 영상領相이 나라가 반드시 망하리라고 한 말과 좌상左相이 '문생門生'이니 '국로國老'이니 하는 말은 바로 붕당을 타파하는 마음에 저촉된다 하여 도리어 반역이라 이르니, 어찌 통탄스럽지 않겠는가? 그러나 신사년과 임인년의 일은 또한 지나치다고 하겠다. 어찌 이런 기회로 인하여 한편의 사람을 죄다 죽이려고만 하는가? 역적 김일경金一鏡의 일은 말을 하면 마음이 아프다. 소하疏下의 사람은 평일에 당黨을 위하여 죽을 마음으로 흉소凶疏에 따라 참여했으니, 이들 다섯 사람은 그 호오好惡를 밝히고 붕당을 타파하는 방도에 있어 엄격히 다스리지 않을 수 없다. 아! 내가 잠저潛邸에 있을 때에 본디 남에게 미움받은 일이 없었으니, 사람들이 어찌 나를 미워하겠는가? 이것은 당습이 가져온 것에 지나지 않으니, 모위謀危한다느니 침핍侵逼한다느니 하는 것은 임금을 붕당의 우두머리로 여기는 것이거니와, 어찌 그럴 리가 있겠는가? 징호鄭澔·이관명李觀命은 나라의 일을 마치 월越나라 사람이 진秦나라 사람의 여윈 것을 보듯이 하고 당습을 마치 큰 절의節義를 지키듯이 하며, 민진원閔鎭遠은 자신이 폐부肺腑의 신하인데도 당습을 일삼았다. 대신大臣은 나라의 주석柱石인데 모두 이러하니, 내가 앞으로 누구와 나라의 일을 하겠는가? 오직 우상右相이 마음을 공평하게 갖고 당습을 타파시키려 하나 뭇사람이 노여워하고 시샘하여 편할 날이 늘 드물다.

아! 유 판부사柳判府事가 근년에 상소한 것이 경솔하기는 경솔하나, 말을 참조해보지 않은 탓에 지나지 않으니, 무슨 나에게 불

공公, 천하의 기준이 되다

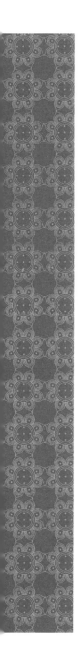

만의 뜻이 있었겠는가? 이러한데도 역적의 괴수라 한다. 영상의 충성은 해를 꿰뚫을 만하다는 것은 실로 지나치게 칭찬한 말이 아니다. 갑진년 대상大喪 때에 영상이 아니었으면 어떻게 세도世道를 진정시킬 수 있었겠는가? 설령 허물이 있더라도 절로 사라질 수 있을 것이다. 더욱이 놀라운 것은 합계合啓 가운데에 약원藥院을 옮겨 설치했다는 것이다. 좌상의 문생·국로에 관한 일과 같이 들어와 청대請對한 일은 이미 비망기備忘記에 일렀거니와, 더욱이 우스운 것은 술을 나누는 사이에 유감을 풀었다는 일이다. 묘정廟庭에 배향配享하는 것은 사체事體가 매우 중대하거니와, 최상崔相은 내가 잘 알지 못하나 아홉 번 영상에 제배除拜되었으므로 대우한 것을 알 만하고, 남 봉조하南奉朝賀가 신축년·임인년에 살아 있었더라도 어찌 외람된 일이 많은 한탄이 있었겠는가? 윤 영부사尹領府事의 지조持操가 뛰어난 것은 안 지 오래 되었다.

아! 당습의 폐단이 어찌하여 이미 뼈가 된 세 신하에게까지 미치는가? 무변武弁·음관蔭官이 색복色目에 어찌 관계되며 이서吏胥까지도 붕당에 어찌 관계되기에 조정朝廷의 진퇴가 이들에게까지 미치는가? 이미 신칙申飭했어도 전만 못하면 조정의 명령을 따르지 않은 죄로 다스릴 것이다. 이번 처분은 다름이 아니라, 접때 신하들이 사수私讐를 앞세우고 국사國事를 뒤로 미루어도 양사兩司에서 아뢰는 것은 잔뜩 움켜쥐며 청대請對하는 일은 외람되게 잗다라서 마침내 임금을 농락하는 지경에 이르렀으므로 내가 이 때문에 크게 경장更張한 것이다. 나는 다만 마땅히 인재를 취하여 쓸 것이니, 당습에 관계된 자를 내 앞에 천거하면 내치고 귀양 보내어 국도國都에 함께 있게 하지 않을 것이다. 사문斯文의 일로 말하면 본디 조정에 올릴 일이 아니니, 만일 다시 어지럽히면 반드시 엄하게 배척할 것이다. 아! 임금의 마음은 이러한데 신하가 따르지 않는다면, 이는 내 신하가 아니다" 했다.

『영조실록』 권12, 3년(1727) 7월 4일(무오)

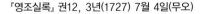

조선 후기에 이르면 공도라는 표현이 이전 시기에 비해 상대적으로 축소되었다. 그리고 국왕이 언급한 비율이 상대적으로 증가하고 있다. 숙종의 경우 "근래 공도가 날로 사라지고 사의가 날로 성한다"라고 하거나 "탕평의 공도"라고 하여 공도를 언급하고 있다. 영조의 경우도 "탕평할 마음을 품고 공도公道를 힘써야 한다"는 것과 같이 공도를 언급했다. 조선 후기에 이르러 국왕 스스로 공도의 담임자임을 드러내고자 하는 의식의 소산이며, 성리학에 대한 인식의 저변이 확대된 결과라 하겠다. 즉 조선 후기에 이르면 공공성이 강화된 존재로서 군부君父가 주목되는 가운데 군君=국國=공公 논리가 확립되며 국가나 군주의 공적 책임이나 공공성이 강화된 결과다. 한편 조선 후기의 경우에도 순조대 이후에는 연평균으로 볼 때 1건 이상도 되지 않는 모습으로 나타난다. 이 점은 숙종대 이후 정조대까지 공도론의 내용과는 다른 의미로 접근해볼 수 있다.

공公, 천하의 기준이 되다

홍문관 수찬弘文館修撰 기준奇遵이 상소했다. 대략 "듣건대 접때 대간의 상소를 대신에게 물어서 대간을 죄다 갈았으므로, 물의가 어수선하고 인심이 놀랐다고 하니, 시말을 헤아리지 못하여 갈수록 답답합니다. 소 가운데에 어떤 말이 지나치기에, 전하께서 지나치다고 생각하시고 대신들도 지나치다고 생각하여, 드디어 언론을 맡은 신하를 내쳤는지 신은 그 까닭을 모릅니다. 대간은 임금의 이목耳目이요 공론이 부탁된 바이니, 일을 헤아리고 이치에 따라 대신과 함께 득실得失을 논하고 시비是非를 다투는 것은 대간의 일입니다. 말단의 관원으로서 임금에게 굽히지 않고 대신을 따르지 않고서, 정론正論을 말하여 독립獨立하고, 중구衆口에 시달려도 변치 않기가 어찌 어렵지 않겠습니까?

전하의 과실과 정사政事의 어그러짐과 인물의 현부賢否와 백성의 휴척休戚을 어찌 죄다 말하게 하고 말한 것을 죄다 받아들일 수 있겠습니까마는, 전하께서 간언을 좋아하시는 성실이 있고 대간에게 말을 다하는 성실이 있다는 것을 듣지 못했는데도 공론이 아직 없어지지 않고 언로言路가 아직 막히지 않은 것은, 참으로 전하께서 말에 대해서 죄를 주기까지 하시는 일이 없고 대간이 입을 다물기까지는 하지 않기 때문입니다. 그러나 한 가지 일을 다투고 한 사람을 논박하는 데에 대해서는 더욱 쉽게 따르셔야 마땅한데도 달을 넘기고 때를 넘겨 지리하게 권태하시매, 덕

德은 전하에게서 드러나지 않고 원망은 대간에게 먼저 돌아가므로, 뭇 소인小人의 비방이 다투어 일어나고 대간의 기풍은 지쳐서 떨치지 못하니, 이것이 기강이 서지 않는 까닭이요 공론이 행해지지 않는 까닭입니다. 전하께서는 이미 간언을 순하게 따르지 못하시고 또 구언求言에 정성을 다하지 못하시고서, 도리어 말하는 자를 미워하여 벼슬을 갈기까지 하셨으니, 신은 전하의 뜻을 모르겠습니다.

전하의 뜻은, 대간이 언론을 과격하게 하여 조정을 소요하게 했다 하여, 장차 조정을 안정시킬 방법을 꾀하시려는 것이 아니겠습니까? 그러나 대간을 훼손하고서 조정을 안정시킨 일은 예전부터 없는 일이니, 이는 남들이 듣게 할 수 없는 일입니다. 조정이 화목하지 않은데도 화목하다고 대간이 말하면 이것은 참으로 속이는 것이나, 조정이 불화하지 않은데도 불화하다고 대간이 말한다 해서 화목에 무슨 방해가 되겠습니까? 대저 지난날의 우환을 논하는 것은 장래의 병통을 구제하기 위함이고, 미연의 폐단을 말하는 것은 오늘날의 일을 삼가기 위함입니다. 말하되 다하지 않으면 일의 정상을 보일 수 없고, 말하되 곧게 하지 않으면 자기 마음을 전달할 수 없습니다.

대간의 소를 보면 과격한 언론이 없는데도, 전하께서 그르다 하시니 대신도 전하의 뜻을 맞추어 다들 그르다 하되, 들어가서는 다투어 그 그름을 배척하여 갈도록 유도하고, 나와서는 갈지 말아야 한다고 관례에 따라 계청啓請하니, 이것이 참으로 무슨 마

음입니까? 위로는 그 그릇된 마음을 바로잡아서 전하께서 잘못을 면하게 하지 못하고, 아래로는 언관을 편안하게 보존하여 조정이 안녕하도록 힘쓰지 못하니, 대신의 임금을 위한 충성스런 보좌와 나라를 위한 아름다운 계책이 이럴 수 있습니까? 대간이 된 자가 말을 속에 담아두고 내지 않으며 일을 보고도 밝히지 않아야 대신들의 마음이 편안하겠습니까? 충언이 아뢰어지지 않고 이익과 병폐를 들을 수 없어서 나라가 불리하게 되면 대신들만은 편안하겠습니까? 이미 정성과 지혜를 다하여 충고해서 선도하지 못하고서 도리어 말하는 자를 내쳐서 언로를 병들게 하는 것이, 그것이 당연한지 신은 모르겠습니다.

또 듣건대, 성교聖教에 대간을 죄주고자 한다 하셨는데, 참으로 그런 분부를 하셨습니까? 이것은 나라를 잃을 말이니, 종사宗社의 복福이 아닙니다. 낯빛이 자만해도 사람을 멀리 내치게 되는데, 더구나 죄를 주려 하는 것이겠습니까! 그러면 사람들이 모두 아양 떨고 아첨하여 제 몸을 이롭게 하고 허물을 피하는 데에 힘쓸 것이니, 전하께서는 홀로 어떻게 하시겠습니까? 근년 이래로 전하께서 구치求治를 게을리하지 않고 호학好學의 뜻을 게을리하지 않으며 선도善道가 이르기를 바라고 고론高論이 들리기를 바라시므로, 조정의 사대부들이 모두 마음을 같이하여 향도向道할 뜻을 가져서 언책言責을 맡은 자들이 감격하여 분발해서 모두들 전하를 위하여 말을 다하니, 공도公道가 비로소 통달하고 사기士氣가 떨칠 듯했습니다.

그러나 대화大禍를 겪은 뒤로 두려워하는 마음이 아직도 가시지 않은 것이 마치 큰 병을 앓은 뒤에 기력이 없는 것과 같으니, 원기를 기르는 약을 제대로 쓰지 못하면 어떻게 죽기에 이르지 않도록 보장하겠습니까? 지금 말하는 자를, 위로는 재상들이 좋아하지 않고 아래로는 뭇 소인이 눈을 흘깁니다. 그러나 엄정한 낯빛으로 위축하지 않는 자는 전하만을 믿는데, 전하께서도 싫어하시면 외로운 충지忠志의 무리는 마침내 어디에 의탁하겠습니까? 대간을 갈라는 분부가 한번 내려지매 관冠을 정제하고 사진仕進할 차비를 하며 서로 경축하는 사람이 벌써 많다는 것을 신은 압니다. 군자가 장차 소인의 도모하는 바가 되어 사방으로 흩어져 초야에 묻히면 전하께서는 누구와 함께 나라를 다스리겠습니까? 전하께서 아득히 위에서 고립하시면 참된 말을 듣고자 하더라도 되겠습니까? 국가의 치란治亂·안위安危를 알 수 없습니다.

바라건대 전하께서는 잘못을 뉘우치고 자책하여 사명辭命에 나타내시어, 백성으로 하여금 대간에게 잘못이 없고 벼슬을 간 것이 잘못이라는 것을 환히 알게 하시고, 또 장차 중외中外에 구언求言하여 실정失政을 물어서 힘써 받아들이고 성盛하게 간언諫言을 따르되 마치 대우大禹·성탕成湯처럼 간언에 감사하고 잘못을 고치는 성실이 있게 하소서. 그래야만 언로가 다시 열릴 수 있고 사기가 다시 떨칠 수 있습니다. 그렇지 않으면 신이 감히 알 수 없습니다마는, 지금 말하는 자가 다들 '대간의 소에는 본디 지나친 말이 없었으며, 소가 들어간 지 여러 날이 지나도 주상께서

공公, 천하의 기준이 되다

지나치다는 말씀이 없고 재상들도 지나치다는 의논이 없었는데 이성언李誠彦의 소가 올라온 뒤에 지나치다는 논의가 비로소 상하에서 나왔으니, 이것은 반드시 주상께서 이성언의 참언에 현혹되어 다른 일을 핑계로 가신 것이다' 하며, 그 말이 요란히 전파되매 듣는 자가 놀랍고 괴이하게 여기는데, 신이 감히 믿지는 않으나, 만약에 전하께서 참으로 참언에 현혹되어 다른 일을 빌어 노여움을 부리셨다면 이는 정치를 어지럽게 하여 나라를 뒤엎을 징조이니, 전하의 성명聖明으로 어찌 이런 일이 있겠습니까? 그러나 하루 사이에 특별히 이행李荇에게 벼슬을 주고 대간을 온통 갈았으니, 정적情迹에 혐의가 없을 수 없고 외간 사람들이 의심하는 것도 미땅합니다.

신이 이성언의 소를 보건대 그 말이 모두 이행을 위하여 낸 것이 아니라, 큰 뜻은 큰 화禍를 일으켜서 조정을 어지럽히려는 것입니다. 이성언은 심품이 본디 사납고 교활하고 음흉하며 남을 시기하고 위해하고 마음이 비뚤어졌으므로, 하나의 악한 젊은이로서 주색·사냥·도박을 일삼는 데에 뛰어난 자일 뿐입니다. 게다가 착한 사람을 시기하고 화란禍亂을 즐겨, 이로 인하여 넌지시 제 술수를 부리고자, 형적이 없는 일을 만들어내고 불측한 말을 벌여, 온갖 방법으로 교묘히 꾸며서 참언을 글로 만들어, 직언直言인 듯이 속여서 공의公議를 저훼沮毁하고, 시병時病이라 속여서 사림을 배함排陷합니다. 간사한 계책을 깊이 꾀하고 그 변화를 헤아릴 수 없게 하여 보고 듣는 사람이 현혹되기 쉽게

2장 원전과 함께 읽는 공公

해서, 상하가 의리疑離하고 조정을 혼란하게 하고자 하니, 예전부터 지금까지 소인으로서 충성한 사람을 배척하고 상총上聰을 기망하는 것이 이처럼 교묘한 자는 없었습니다. 만약에 한낱 이행李荇을 위하여 논구한다면, 어찌하여 반드시 한때의 일을 두루 헐뜯어 이처럼 무함하겠습니까? 한 사람을 구한다는 핑계로 한때의 사람을 모조리 무함하니, 술수 또한 깊습니다.

이성언의 무리가 먼저 그 의논을 재상들에게 비언飛言하여 사찬邪讚을 여러 가지로 변화 있게 해서 그 마음을 동요하게 하여, 재상의 의논도 여기에 따라 나와서 전하도 동요할 수 있음을 안 뒤에 군론群論을 배척하여 그 소를 올리매, 재상 중에는 혹 겉으로 거짓 칭찬하는 자가 있고, 전하께서는 겉으로 의혹하지 않는 듯하나 속으로는 의혹을 일으켜, 말로는 받아들이지 않는 듯하나 실은 그 뜻을 채용하시니, 이성언이 태연히 물러앉아서 전하의 깊이를 엿봅니다. 『시경詩經』에 '참소하는 사람이 끝이 없어 사국四國을 어지럽힌다' 한 것이 이것을 말한 것입니다. 위로는 전하로 하여금 대간을 믿지 않게 하고, 가운데로는 재상으로 하여금 전하를 잘못 인도하게 하고, 아래로는 사림으로 하여금 감히 손을 쓰지 못하게 하매, 공론이 사라져서 정도正道가 없어지고, 사기士氣가 꺾여서 국맥國脈이 막히고, 뭇 그른 것은 날뛰고 뭇 바른 것은 적막하여 조강朝綱이 퇴폐하고 정사政事가 문란하되, 힘껏 정의正議를 아뢰어 사술邪術을 배척하고 그 죄를 폭로하는 사람이 하나도 없으니, 통탄함을 견딜 수 있겠습니까?

공公, 천하의 기준이 되다

예전에 순임금이 사흉四凶을 제거하고서 천하가 모두 복종했고, 공자가 소정묘少正卯를 제거하고서 노나라가 다스려졌으니, 나라를 해치는 소인을 제거하지 않으면 나라를 편안하게 할 수 없으므로 성인聖人이 제거한 것입니다. 신이 듣건대, 성묘조成廟朝에 임사홍任士洪이 진언하기를 '대간의 말을 죄다 들어주어서는 안 되며, 이따금 견책해야 합니다' 했는데, 성묘께서 그 정상을 환히 아시고도 드러나게 주륙하지 않으시어, 마침내 폐조廢朝의 화禍를 끼쳤다 합니다. 지금 보면, 임사홍의 말은 어리석으나 현저하고, 이성언의 말은 은미하나 간폭奸暴합니다. 또 듣건대, 폐조에서 유자광柳子光이 사류士類에 대해 분노하고 시기하여, 무고한 사람을 얽이시 큰 화를 만들어 일망타진했다 합니다. 지금 보면 유자광은 혼암한 임금을 만나서 제 술수를 부렸고, 이성언은 성명聖明을 그르쳐서 제 간사를 부리려 합니다. 그렇다면 두 사람의 죄를 합쳐서 죄주어도 됩니다.

『시경』에 '은나라가 거울삼을 일은 멀리 있지 않고 바로 하나라 임금의 세상에 있다' 했거니와, 폐조의 난정亂政은 전하께서 친히 보신 바입니다. 원인은 간사한 사람이 사림에 대해 분노하고 원망하여 충량忠良을 무함해서 살육의 꼬투리를 열어놓은 데에서 시작하여, 드디어 명신名臣·직사直士의 간담肝膽이 땅에 맥질하게 되고 종사宗社의 복망覆亡이 바로 닥쳐왔으나, 그래도 전하의 재조再造에 힘입어 어렵게 부지하여 오늘에 이르렀는데 하찮은 이성언이 또 조정을 경란傾亂하고자 넌지시 제 솜씨를 시험하니,

무릇 혈기가 있는 자라면 누군들 드러나게 주륙하고자 하지 않 겠습니까?

바라건대 전하께서 전형典刑을 밝게 시행하여 사람들이 그 죄를 환히 알게 하소서. 그러면 종사의 복이 되거니와, 어찌 봉장封章 이라 하여 용서할 수 있겠습니까? 그 말이 광망狂妄하다면 버려 두어도 되고 우천愚淺하다면 용서해도 되겠으나, 광망한 것도 아 니고 우천한 것도 아니며 매우 음험하고 간사하여 위란危亂을 꾀 하는 것이니, 그 죄를 이루 말할 수 있겠습니까? 만약에 봉사封 事한 사람에게 죄를 줄 수 없다고 한다면 이것이야말로 어리석고 도 망령된 것이며, 재상이 은밀히 비호하여 그 죄를 폭로하지 않 는다면 나라 일을 꾀하는 양책良策이 아니며, 대간으로서 간사하 게 참소하는 자를 두려워하여 그 죄를 힘껏 청하지 않는다면 임 금을 위한 충성이 아닙니다.

아, 사私를 따르고 공公을 잊으며, 편안한 것을 꾀하고 화禍를 피 하는 것이 인정人情의 향하는 바인데, 누가 그 도道를 바르게 하 고 그 말을 바르게 하여 남의 원망을 사려 하겠습니까? 사습士習 이 비루하고 기절氣節이 위축된 것은 이것으로 접쳐 알 수 있습니 다. 무릇 금세 사람은 앞날을 염려하지 않고 당장 편안하게 지내 는 것을 힘쓰므로, 크게 불안한 것이 조금 편안한 가운데에 숨 어 있는 것을 모르고서, 보고도 구제하지 않고 앉아서 스스로 편안한 것에만 의지하나, 스스로 편안하다면 좋지 않겠습니까 마는 스스로 편안하지 않다면 마침내 어찌해야 하겠습니까? 시

비是非·사정邪正을 가리지 않고 우물쭈물 지내면서 스스로 편안하기를 기다린다는 것은 들은 바가 없습니다. 그러므로 슬기로운 자는 기미를 보고서 도모하는 것인데, 더구나 쉽게 나타나는 일과 쉽게 드러나는 간사이겠습니까? 이런 까닭으로 신은 이성언을 죄주지 않으면 조정을 안정시킬 수 없다고 생각합니다.

또 그 말이 무망誣罔이라는 것은 성명聖明이 잘 아시는 바이니, 워낙 변파辨破할 것도 없으나, 이른바 시의時議니 외의外議니 한데에서 더욱 그 죄를 얽어 만드는 술수를 볼 수 있는 것입니다. 만약에 아랫사람이 국정을 논의한다고 한다면 위에서 싫어하기 쉬운 것이므로, 예전부터 충성스럽고 어진 사람을 해치려고 꾀하는 소인은 반드시 '정시政事기 아랫사람의 의논에 달려 있고 조정에 달려 있지 않다'고 말하여 임금을 격노하게 하는데, 임금이 밝지 못하여 한번 현혹되는 바가 있으면 도리어 충성스럽고 어진 사람을 원수로 삼아서 나라를 어지럽히게 되니, 나라를 가진 사람으로서 살피지 않을 수 있겠습니까?

옛 성주聖主가 서인庶人에게까지 비방할 수 있게 하고 상려商旅에게까지 논의할 수 있게 한 것은 그 실정失政을 널리 듣고자 한 까닭입니다. 청의淸議가 아래에 있으면 비록 말세일지라도 공도公道를 부지할 수 있는데, 더구나 지금은 사기가 저상沮喪된 지 오래인데도 그 시행을 듣지 못했습니다. 한두 지사志士가 옛일을 사모하고 오늘날의 일을 민망히 여겨서 시사時事에 대하여 한 마디 말을 하더라도 드디어 그른 의논이라 지칭하니, 지금의 정사가 잘되겠습니까? 공자가 말하기를 '나라에 도道가 있으면 언행言行을 엄하게 하고, 나라에 노가 없으면 행실을 엄하게 하나 말은 순하게 한다' 했습니다. 만약에 그 언론을 싫어한다면, 사람들이 장차 입을 다물고 혀를 묶어두며 이리처럼 돌아보고 숨을 죽일 것이니, 마치 포학한 진秦나라 때와 같이 된 뒤에야 다스려진 것이라고 하겠습니까? 그 시이니 외의니 무고하는 것은 일국을 공허하게 만드는 말입니다.

지금 성명聖明이 위에 계시고 공경公卿이 아래에 있으므로, 한 가지 정령政令이 나올 적에는 대신이 그것을 의논하고 대간이 그것을 간쟁하여 이치에 맞도록 하기에 힘쓰니, 정령이 한결같이 되어가고 조강朝綱이 서 갑니다. 그런데도 정령이 외의에 돌아간다고 하는 것은 무슨 뜻이겠습니까? 그 마음을 알기 어렵지 않습니다. 군자가 정색하고 조정에 서서 기강을 가다듬고 떨치며 성실하게 행신行身하고 바르게 논사論事하면 워낙 다른 일로는 무함할 수 없거니와, 만약에 '정령이 아래에서 나온다'고 말한 것 같으면 일망타진할 수 있으므로, 흉계를 부리고 명목을 내세워 모두가 시이니 외의니 하는 것을 인습하니, 간사한 사람의 참소는 이것을 들어서 그 밖의 것도 미루어 알 수 있거니와, 간사한 사람은 이성언뿐이 아님을 알 수 있습니다. 평시에 대간에게 논박을 받거나 혹 사론士論에 용납되지 못하는 자들이 모두 이행李荇이 물러간 것을 빙자하여 넌지시 그 원한을 갚고자 하여, 가탁하여 대간을 헐뜯고 두루 사류를 논하여 헐뜯기에 바쁜데, 이것

은 듣는 자가 살피지 않고 서로들 전파하며 옳지 않다고 하는 것도 개탄할 일입니다.

대저 요즈음 도道에 도탑고 이치를 따르는 선비와 항언抗言하고 직간直諫하는 사람이 간혹 등용되어 대간·시종에 출입하여, 혹 도학道學의 근본을 개진하고 수신修身·제가齊家의 실지를 강명講明하거나 시정時政의 잘못을 숨기지 않고 현사賢邪의 구분을 변별하여 바른 언론이 조정에 펴지매, 인심이 자연히 단속되어 악한 짓이 부끄럽다는 것을 조금 알아서, 오래 쌓였던 더러운 풍속이 점점 저절로 없어지니, 주색으로 음탕한 무리와 경박하고 간사한 무리가 감히 방자하지 못하므로 떼 지어 노하고 무리지어 원망하여, 요란하게 비빙하며 정직한 사람을 요동히려고 서로들 말하기를 '주상主上의 구치求治는 너무 급하시고 아랫사람의 위선爲善은 매우 다급하니 이것이 어찌 치평治平을 이루는 도리인가' 하니, 아아! 소인이 다스려지는 것을 싫어하고 어지러워지는 것을 좋아하는 것이 이와 같습니다. 또 말하기를 '아무는 상 앞에 어느 말을 아뢰었으니 크게 틀린 일이다. 아무와 아무가 모여서 강학했으니 이는 곧 붕당이다. 아무는 어느 곳에서 아무의 잘못을 논했는데 그것은 사분私憤이다' 하며 뜬말로 선동해서 사람들의 귀를 미혹하게 하여, 반드시 사람마다 불평한 마음을 갖게 하고자 하며, 군자가 자신을 안정하지 못하도록 걸핏하면 지적하여 모함하기를 힘씁니다. 그러나 그러한 사람이 또한 어찌 많겠습니까?

대저 지금의 병폐는 구차하게 우선 편안히 넘어가는 데에만 힘써서, 곡식曲直을 따지지 않고 현우賢愚를 가리지 않고서 함께 모두 거두어 쓰고 분별하지 않는 것입니다. 그러므로 어진 이가 반드시 높은 자리에 있지 못하고 간사한 자가 반드시 아랫자리에 있지 않으며, 시비가 흐리고 흑백이 거꾸로 되어서, 방정한 사람이 간사한 자에게 깔보이고 정도가 혹 사라지게 되니, 참으로 슬픈 일입니다. 어진 이와 간사한 자를 쓰고 버리는 것은 참으로 잘 다스려지고 어지러워지는 데에 관계되는데, 전하께서는 어진 줄 알면 의심 없이 쓰며 간사한 줄 알면 의심 없이 물리치시는지 모르겠습니다. 조금이라도 살피지 않으면, 어진 이와 간사한 자가 뒤섞여 어지러워지는 갈림길이 되는 것이니, 삼가지 않을 수 있겠습니까? 바라건대 전하께서는 과연 어진 줄 알면 믿고 써서 참소에 동요되지 말며, 과연 간사한 줄 알면 물리쳐 끊어서 경박한 의논에 동요되지 말아서, 좋아하고 싫어하는 것을 명백히 보이소서. 그래야 바른 선비가 조정에 차고 사람들이 다 그른 것을 고쳐서 착해질 것입니다.

예전부터 소인이 군자를 배척하는 데에 쓰는 몇 가지 말이 있습니다. '붕당朋黨'이니 '위학僞學'이니 '남다른 짓을 억지로 한다'느니 '명예를 얻으려고 정직한 체 한다'느니 온갖 꾀를 다하여 반드시 중상하고야 맙니다. 군자는 그렇지 않아서, 자기를 바루고 도를 지키며 예에 따라 진퇴하고 득실을 천명天命에 붙이고서 의리에 좇아서 편안할 뿐입니다. 아, 한漢나라에는 당고黨錮의 화가

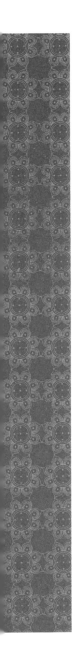

있어서 왕실이 따라서 망했고, 송나라에는 위학僞學의 비방이 있어서 군자가 뜻을 얻지 못했으니, 이것은 성명이 잘 살펴야 할 일입니다. 살피건대 전하께서는 강학의 공功이 도탑지 못하고 집희緝熙의 실實이 미진하시며, 택선擇善이 혹 밝지 못하고 집덕執德이 혹 굳지 못하시어, 뭇 의논이 소동할 때에 동요되지 않기가 어려우신 듯한데, 전하의 지려志慮가 과연 어떠하신지 신은 잘 모르겠습니다.

전하께서 유신儒臣과 함께 학술을 강마하신 것이 하루 이틀이 아니므로 반드시 격물格物·치지致知하는 방법과 존성存省하는 도리를 아실 것이니, 장차 홀로 계시는 곳에서 힘쓰시어 사물을 응접하는 근본을 해와 달처럼 밝게 하시면, 빛이 군신群臣을 비추어 어진 이와 간사한 자가 저절로 그 정상을 숨길 수 없을 것입니다. 어찌 참언을 두려워할 것이 있겠습니까? 그러나 교언巧言은 대우大禹도 두려워하고 공자도 멀리하고자 했는데, 성인이 반드시 그것에 동요되지 않기 위하여 그와 같이 삼갔으니, 그 염려가 주밀했습니다. 바라건대 전하께서는 날마다 경연經筵을 열어서 유신을 가까이하여, 의리의 깊은 뜻을 절차切磋하고 심술心術의 기미를 삼가 가려서, 사물의 변화를 환히 눈앞에 볼 수 있게 하시고, 또 이치를 궁구하여 지식을 넓히고 공경을 유지하여 마음을 길러서, 이 마음의 덕이 광명정대하여 털끝만한 사私도 용납하지 않게 하소서. 그러면 이의異議에 혼란昏亂되지 않을 뿐 아니라, 넉넉히 수신·제가·치국·평천하 하는 근본이 되고 종사宗社

를 만년토록 견고하게 유지하는 사업의 터전이 될 것이니, 전하
께서는 여기에 유념하소서.

신은 참소하는 사람이 난을 선동하는 것을 듣고서 우려되어 견
딜 수 없으며, 신이 비록 미천하기는 하나 시종侍從의 벼슬에 있
는데도 병 때문에 나아가서 논계論啓하지 못하고 집에 엎드려 있
으니, 뜻을 스스로 누르지 못하여 품은 뜻을 아룁니다. 말을 한
번 내면 몸 또한 보전하기 어렵다는 것을 잘 아나, 몸을 아끼고
벼슬을 연모하여 말을 품어두고 아뢰지 않아서 전하를 저버리는
것은 신이 차마 할 수 있는 일이 아닙니다. 말에는 한이 있어 뜻
을 다 아뢰지 못하니, 하늘을 우러러보고 눈물을 흘릴 뿐입니
다" 했다.

『중종실록』 권30, 12년(1517) 10월 30일(임신)

조선 전기에는 주로 언관들이 법 집행과 관련해 공도 실현을 언급했
다. 조선 중기에도 이런 예들은 상당수 발견되지만 이와 함께 유생들의
입을 통해 공도 실현이 언급되고 있다는 점은 변화의 모습이라고 하겠
다. 조선 중기에 유생층까지 공도의 담임층이 확대되었음을 의미한다고
보이는데, 이는 당대 사회에 공도에 대한 이해가 심화됨과 함께 "공도의
실천이 사기士氣의 진작"이라는 인식이 팽배해진 상황과 밀접한 관련을
갖는다.

아, 조정은 전하의 조정이며 관작官爵은 국가의 공기公器이니, 마
땅히 공론公論으로써 한때의 인재를 모두 등용해야 할 것인데,
심의겸과 김효원 두 사람의 시비의 분별이 무슨 큰 관계가 있어
서 이것으로 거조를 정합니까. 하물며 국시를 정하는 데는 더욱
구설口舌로 다투어서는 안 됩니다. 인심이 함께 옳다 하는 것을
공론公論이라 하고, 공론이 있는 곳은 국시라고 하니, 국시라는
것은 온 나라 사람이 꾀하지 않고도 함께 옳다 하는 것이니, 이
익으로 유혹하는 것도 아니며, 위엄으로 무섭게 하는 것도 아니
면서 삼척동자三尺童子도 그 옳은 것을 아는 것이 국시입니다. 지
금 이른바 국시라 하는 것은 이와 달라서, 다만 의논을 주장하
는 자가 스스로 옳다 생각해도, 듣는 자는 혹은 따르기도 하고
혹은 어기기도 하며, 어리석은 남자나 여자까지도 모두 반은 옳
다 하고 반은 그르다 하여 마침내 일치될 기약이 없으니, 어찌 집
집마다 타일러 억지로 정하겠습니까. 남의 의심만 더하여 도리
어 화禍의 단서를 내는 데에 불과합니다. 이 의논을 하는 자는
사류의 뜻이 모두 그러하다는 것은 아닙니다. 그 사이에 깊은 식
견과 원대한 생각이 있는 선비가 없어서 여러 사람의 의논에 부
대끼어 스스로 주장하지 못해서 그런 것이니, 무너진 사론士論이
어느 때나 정해지겠습니까.

『율곡전서』 권7, 소 「사대사간겸진세척동서소」

이이李珥는 "인심이 똑같이 옳다 하는 것을 공론이라 하고 공론의 소재를 국시라" 하여 이를 다시 확인했다. 이이가 지적한 "인심이 똑같이 옳다 하는 것"는 주희가 지적한 '순천리順天理' '합인심合人心' '천하지소동시자天下之所同是者'를 한마디로 응축시킨 개념이라 하겠다. 이이는 정치적 권위체를 민심과 성인[君師], 천명 등으로 설정했다. 이중 민심은 정권의 향배에 큰 영향을 끼치기는 하지만 성인의 양육과 지도가 필요한 존재라는 점에서 궁극적 권위체가 될 수는 없었다. 우주 자연의 인격적 주재자인 천명의 경우도 궁극적 권위체가 되지 못했다. 일단은 성인 또는 성왕聖王을 궁극적 권위체로 인식했는데, 이는 '우주 자연의 존재원리를 계승하여 인간이 표준을 확립하는 존재'이기 때문이었다. 다만 시간이 지나면서 성인→성인으로 이어지는 계승 관계가 되지 못하면서 도통道統과 대통大統이 분리되자 현실적인 정치적 권위체는 사림士林에게 귀결되었던 것이다. 공론의 주재자를 사림으로 설정한 이유다. 이이가 자신의 저작인 『성학집요』에서 보편적 인간에게 적용시킬 수 있는 성리학의 논리를 설명하면서 군주를 사대부의 일원으로 자리매김하여 사대부 논리의 실현자로 설정하고 그 안에서 사대부 논리를 따라야 하는 존재로 만들었던 이유다.

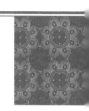

【조선왕조실록 11】 원문 29

예문봉교 최자연崔自淵, 성균박사 최맹하崔孟河, 교서랑 조어趙峿 등이 상서하기를 "군부君父의 의義는 하나이니 충효의 도는 다름

공公, 천하의 기준이 되다

이 없습니다. 그런 까닭에 경서에 '아버지 섬김에 자뢰資賴하여 임금을 섬겨 공경한다'고 했으며, 또 '어버이를 섬김에 효도로써 하는 까닭에 임금에게 충성으로 옮길 수 있다'고 했습니다. 이것이 이른바 충신은 효자의 집에서 나온다는 것입니다. 봉상직장 겸 성균박사 엄간嚴幹은 경상도 상주 사람인데, 어릴 때부터 어버이를 섬기는 여가에 힘써 배우기를 게을리 하지 않아 갑오년 과거에 급제했고, 경자년에 이르러 봉상부록사奉常副錄事 겸 성균학록成均學錄의 벼슬을 받았습니다. 곧 자기의 직무에 정성껏 부지런히 하여 효도를 옮기어 충성을 하던 때였으나, 양친이 모두 늙어 멀리 남쪽에 있어 정성定省을 오랫동안 못한 것을 근심하고, 어버이를 섬길 닐이 짧은 깃을 애석히게 어겨 집으로 돌아간 것을 청하여, 봉양하면서 부모 곁을 떠나지 않으며 친히 맛 좋은 음식을 가지고 봉양하는 도리를 극진히 했습니다. 잇따라 상喪을 당하매 6년 동안이나 묘소에 어막을 치고 짚자리에 잠을 자며 죽을 먹었으며, 불교의 의식을 쓰지 않고 한결같이 『가례家禮』에 좇았습니다. 그가 어버이를 섬기는 데 있어 처음부터 끝까지 진실로 유감됨이 없었습니다. 무릇 사람의 자식으로서 누구인들 어버이를 봉양하지 않으리오마는, 간幹이 어버이를 봉양하매 향당鄕黨과 종족宗族들이 효자라고 칭찬했으며, 누구인들 어버이 묘소에 거려居廬하지 않으리오마는, 간幹이 거려하매 멀고 가까운 곳의 보고 듣는 사람이 모두 감복했습니다. 이것은 다른 까닭이 아니라 성효誠孝의 지극함을 남이 따를 수 없기 때문입니다. 온 고을 사람의 공론公論이 있는 것은 당연합니다. 간의 효행은 빈틈이 없습니다. 어찌 보통의 사례로 볼 수 있겠습니까. 그때에 판목사判牧事 조치曹致가 그의 효행을 아름답게 여겨 감사에게 치보馳報하여 발탁해 등용하여 그의 효행을 표창하고자 했더니, 그가 면상免喪한 뒤에 도로 본직을 제수했으나 순자循資의 격식에 구애되어 16년이나 되도록 아직 거관去官하지 못하고, 나이는 거의 50세가 되어 수염은 이미 희어졌습니다. 이것은 신 등이 침묵하고 있을 수 없는 바입니다. 더구나 이제 성조盛祖 때에 효도를 숭상함에 있어 간의 효행이 이와 같사온데, 한 관館에서 '작은 벼슬아치'로 늙어감이 또한 이와 같으니, 어찌 성대聖代에서 효도를 다스리는 일에 있어 어긋남이 있지 않겠습니까. 엎드려 바라건대, 전하께서 차례를 초월하여 뽑아 등용하시어 효도하는 풍속을 장려하소서" 하니 이조에 내렸다.

『세종실록』 권45, 11년(1429) 9월 24일(정묘)

1429년(세종 11) 예문관 봉교 최자연과 성균관 박사 최맹하 등이 상서한 것이다. 이때 상서 내용은 상주 사람인 봉상직장 겸 성균박사 엄간嚴幹이 어버이 봉양에 효를 다하고 있으니 그를 장려하자는 것이다. 이때 최자연 등은 엄간에 대해서 자신들이 알 뿐만 아니고 일향一鄕 사람들의 공론公論도 있음을 언급했다.

대간에서 연일 복합伏閤하여 세 사람의 죄를 청하니, 임금이 여러 사람의 뜻을 어기기가 어려워 신극례의 예장禮葬을 정지하라고 명했다가 조금 뒤에 다시 예장禮葬하게 했다. 대간에서 대궐에 나아가니 임금이 "내가 요사이 몸이 편치 못하다. 후일을 기다려 내가 장차 친히 말하겠다!" 하고, 또 유양柳亮에게 전지하기를 "신극례의 죄는 진실로 민무구 등과 비교할 바가 아니다. 내가 신극례의 고종명考終命한 것을 기쁘게 생각한다. 만일 몸이 살고 죽는 데에 관계없는 죄를 범했다면, 내가 무엇을 아낄 것이 있겠는가! 민무구 등은 내가 처음에 다만 성 밖에 나가 있게 했는데, 여러 신하가 여러 번 벌이 가볍다고 말하므로, 공신의 녹권錄券을 회수했다. 지금 대간의 뜻으로는, 청하여 마지않으면 내가 반드시 들어주리라고 생각하여, 이 때문에 매일 대궐에 나와 청하는 것일 뿐이다. 정부政府는 공론公論이 나오는 곳이니, 경은 내 뜻을 알리도록 하라."

『태종실록』 권14, 7년(1407) 11월 4일(갑인)

의정부로 대표되는 재상들이 공론의 소재처라는 표현이다. 1407년(태종 7) 11월 사간원에서 사헌부 대사헌 안원을 탄핵한 적이 있다. 안원이 대간 공동으로 참여하는 탄핵에 참여하지 않았기 때문이었다. 사

간원의 탄핵을 계기로 국왕이 직접 대간을 불러 묻기도 했으나, 결국에 안원으로 하여금 직무를 수행하노록 했다. 그러자 대간에서 다시 대궐에 나아가 이 문제를 거론하니 태종이 직접 유양을 통해 의정부에 전지를 내려 대간의 뜻을 들어줄 의지가 없음을 말하면서 정부는 공론이 나오는 곳이라고 했다.

【 조선왕조실록 13 】 원문 31

하교하기를 "정섭靜攝 중에 재차 궐문에 임한 것이 그 성의는 비록 보잘것없지만 그 뜻만은 백성을 위해서였다. 당초의 뜻은 양민의 괴로움을 없애주고 싶어 대동大同의 정사를 행하려던 것이었으나 구애拘碍됨으로 인하여 감필減疋에 그치고 말았다. 아! 옛날의 성의聖意를 받들어 양민을 구제하려 했는데, 이도 또한 중지하면 이는 백성을 속인 것이다. 어찌 백성뿐이랴? 나의 마음도 속이는 것이다. 창백한 얼굴로 늙은 만년에 어찌 차마 이런 짓을 할 수 있으랴? 후일 무슨 낯으로 지하에 돌아가서 선왕을 뵐 수 있겠는가? 이번 일은 나라의 대사大事였다. 당초의 하교를 여러 신하 이하 모두가 수수방관袖手傍觀했으니, 매우 한심스러운 일이다. 비변사로 하여금 날마다 본사本司에서 회합하고 전심으로 강구하여 어공御供에서부터 경외의 긴요치 않은 지출에 이르기까지 민역에 보탬이 될 만한 것은 함께 자세히 검토하여 만년에 백성을 위하려는 나의 뜻에 부응하게 하라" 했다.

공公, 천하의 기준이 되다

'천하의 공'이 정치 사회에서 구현될 때 '생민生民'이나 혹은 '균均'으로 표명되었다. 이와 관련해서 주목되는 것이 영조대 균역법 제정 과정에서 있었던 오랜 논란이다. 균역법 제정 과정에서 끊임없이 강조된 것이 '균' 이념이었다. 먼저 영조는 호포론의 시행을 통해서 대동大同의 정사를 하려고 했다고 자술한 바 있다. 즉 1750년(영조 26) 7월 3일 감필호전론을 철회하는 윤음에서 신하들의 정성이 부족함을 질책하면서, 이번 일은 오로지 나라를 위하고 백성을 위한 일로 양민의 고통을 해소해줌으로써 대동의 정사를 행하려고 했다고 천명했다. 이미 대동의 정사라는 표현 속에 공평公平의 의미가 담겨 있거니와, 영조가 생각한 대동의 정사란 다름 아닌 '균'의 명분이었다. 그리하여 같은 윤음에서 "너희는 유생에게 호전을 부과하는 것을 불가하다고 여길 것이나 위로 삼공부터 아래로는 사서인士庶人까지 부역을 고르게 해야 한다"고 강조했다. 영조는 평소 이런 의지를 강조하기 위해서 호포가 시행된다면 자신이 먼저 각 궁방에 지시하여 먼저 호포를 납부하도록 하겠다고 천명하기도 했다. 그러면서 다시 강조하기를 "금일의 조치는 열성조를 본받고[體列祖] 백성을 중시하며[重元元] 나라의 근본을 견고[固邦本]하게 하는 것"으로 이 모든 것이 백성을 위한 것이지 사용私用을 위한 것은 아니라고 했다. 이 같은 영조의 발언 속에서 보면 사용私用에 대비되는 백성을 위해 '균'을 이루려고 한 것이며, 이것이 다름 아닌 공이었다. 공을 위한 방법으로 결국 '균'을 제시하고 있다는 점을 주목해야 할 것이다.

【삼봉집 1】 원문 32

총재라는 것은 위로는 군부를 받들고 밑으로는 백관을 통솔하며 만민을 다스리는 것이니, 그 직책이 매우 큰 것이다. 또 인주의 자질에는 어리석은 자질도 있고 현명한 자질도 있으며 강력한 자질도 있고 유약한 자질도 있어서 한결같지 않으니, 총재는 인주의 아름다운 점은 순종하고 나쁜 점은 바로잡으며, 옳은 일은 받들고 옳지 않은 것은 막아서, 인주로 하여금 대중大中의 지경에 들게 해야 한다. 그러므로 상相이라 하니, 즉 보상輔相한다는 뜻이다.

백관은 제각기 직책이 다르고 만민은 제각기 직업이 다르니, 재상은 공평하게 해서 그들로 하여금 각기 그 적의함을 잃지 않도록 하고, 고르게 해서 그들로 하여금 각기 그 처소를 얻게 해야 한다. 그러므로 재宰라 하니, 즉 재제宰制한다는 뜻이다. 궁중의 비밀이나 빈첩들이 왕을 모시는 일, 내시들의 집무 상황, 왕이 타고 다니는 수레나 말, 의복의 장식, 왕이 먹는 음식에 이르기까지도 오직 총재만은 알아야 한다.

총재는 중신重臣이므로 인주가 예우를 하게 되는데, 몸소 이렇듯 자질구레한 일까지 관여한다는 것은 너무 번거로운 일이 아닐까? 그렇지 않다. 빈첩·궁녀들이나 내시들은 본래 인주의 심부

공公, 천하의 기준이 되다

름을 맡은 사람들인데, 이들이 올바르지 않으면 사특하고 아첨하는 일이 일어나고, 수레와 말, 의복과 음식은 본래 인주의 일신을 봉공하는 것인데, 절제하지 않으면 사치하고 낭비하는 폐단이 생긴다. 그러므로 선왕이 법을 만들 적에 이러한 일들을 모두 총재에게 소속시켜 총재로 하여금 절제와 제한을 두게 했으니, 그 사려가 원대한 것이다.

『삼봉집』 권13 「조선경국전」 「치전총서」

조선시대에 궁부일체론은 이미 조선 건국 직후 정도전鄭道傳에 의해서 표방된 바 있다. 그의 대표적인 저작인 『조선경국전』의 「치전총서」에 수록된 것으로 정도전은 재상은 위로는 군부를 받들고 아래로는 백관을 통솔하며 만민을 다스리는 존재로 규정하고 군주에 대해서는 대중의 경지로 인솔하고 백관과 만민에게는 공평하게 해야 한다고 했다. 아울러 궁중의 비밀이나 빈첩들이 왕을 모시는 일, 내시의 집무 상황, 왕이 타고 다니는 수레나 말, 의복의 장식 그리고 왕이 먹는 음식에 이르기까지 모두 알아야 된다고 했다. 재상이 이를 관장해야 하는 이유는 절제하여 사치하고 낭비하는 폐단을 없애기 위한 것이었다. 정도전의 이러한 주장은 『주례』의 육전적 정치체제를 지향하면서도 주자의 정치사상을 원용하여 군주성학론君主聖學論에 영향을 받은 것으로, 궁극적으로는 재상 중심의 정치를 구현하기 위한 방안이었다. 정도전의 재상 중심 정치론은 그러나 이방원과의 정치투쟁에서 실각하면서 더 이상 진전되지 못하고 조선의 정치체제는 국왕 중심 관료체제로 정비되는 결과로 나타났다.

【회재집 1】 원문 33

삼가 아룁니다. 지금 주상께서 어린 나이로 보위를 이었으므로 보양輔養하는 일이 시급한데, 보양하는 근본은 자전에게 달렸습니다. 옛 성현은 비록 타고난 자질이 아름답더라도 반드시 교도敎導하는 방도를 두는 것을 근본으로 삼았습니다.

문왕의 어머니가 태교를 행하고 맹자의 어머니가 속임이 없었던 것은 그 행적이 분명하여 선인들의 교훈에 밝게 드러납니다. 예나 지금이나 어머니는 그 아들이 훌륭하게 되기를 바라지 않은 경우가 없으니, 누군들 이렇게 하려는 마음이 없겠습니까. 태어나기 전에 미리 태교를 행하여 가르치고 세 번이나 이사하여 바르게 기른 것도 오히려 할 수 있었는데, 더구나 지금 주상께서는 타고난 자질이 고명하고 기도氣度가 숙성하신 것을 나라 사람들이 알고 있습니다. 고명하고 숙성한 자질을 바르게 교도한다면 성인이 되는 공부를 하는 데 무슨 어려움이 있겠습니까.

삼가 바라건대 자전께서는 문왕 어머니와 맹자 어머니의 자애를 본받아서 미리 가르치고 솔선하여 보여 주는 것이 반드시 바른 도리에서 나오도록 하시며, 예禮가 아니면 보지 말고 예가 아니면 듣지 말고 예가 아니면 말하지 말고 예가 아니면 움직이지 말

아서 의義와 이利, 공公과 사私의 분별을 먼저 밝힘으로써 그 근본을 세우소서. 그렇게 하신다면 마음에서 생겨 일을 해치고 일에서 비롯되어 정사를 해치는 일이 저절로 적어질 것입니다.

『서경』에 "자식을 낳으면 처음 태어났을 때에 어떻게 기르느냐에 따라 스스로 밝은 명을 받게 되는 것과 같다. 지금 하늘이 밝음을 명할 것인가? 길흉吉凶을 명할 것인가? 역년歷年을 명할 것인가? 이것은 지금 우리의 처음 정사를 보면 알 수 있는 것이다"라고 했으니, 삼가지 않을 수 있겠습니까.

송나라 범조우范祖禹가 일찍이 철종哲宗에게 "폐하께서 오늘 학문을 하느냐 하지 않느냐에 훗날의 치란이 달려 있습니다"라고 말했습니다. 지금 전하는 비록 춘추가 어리시지만 지금이야말로 정도正道를 함양하고 습관을 반듯하게 기를 때이니, 학문에 대한 공력을 조금이라도 폐해서는 안 됩니다. 그러니 조정의 어질고 덕망 있는 인사를 정밀히 선발해서 권강勸講하는 관직에 보임하고, 경연을 여는 시간 외에도 상례常例에 구애됨 없이 편전便殿에서 수시로 소대召對하거나 조용히 담화를 나누거나 경사經史를 강론하거나 민간의 질고疾苦를 물어 서로 신뢰가 쌓이도록 해야 합니다. 진강進講하는 관원도 범범하게 몇 번 읽고만 말 것이 아니라 반드시 차분히 함께 공부하여 상세하게 익히게 한다면 학문이 날로 향상할 뿐만 아니라 사대부를 접하는 시간도 많아져서 자연히 덕성이 함양되고 성학聖學이 성취될 것입니다. 또 경연관으로 하여금 전례前例 및 선유先儒의 격언格言을 널리 살펴서 참작하여 아뢰게 하고, 이를 좌우에 배열하여 살펴볼 수 있도록 하소서.

군주의 덕 중에는 성효誠孝가 가장 크며, 살아 계실 때에 봉양하는 것보다 돌아가신 뒤 상례를 성심껏 치르는 것이 더욱 큽니다. 전하께서는 대행 대왕大行大王에게 아들로서의 도리가 있으며 신하로서의 도리가 있으니, 비록 아직 춘추가 어리시어 예제禮制를 다 준행할 수는 없더라도 상차喪次에 오랫동안 임어하지 않아서는 안 되고 제사에 오랫동안 참여하지 않아서는 안 됩니다. 그러니 기체氣體를 헤아리고 체력을 살펴서 대례大禮에 어긋남이 없게 함으로써 성효를 다하소서.

예로부터 화란은 궁금宮禁이 엄하지 않은 데서 비롯되는 경우가 많았습니다. 여알女謁이 성행하면 척속戚屬 및 소인들이 연줄을 통해 청탁하여 조정을 문란하게 하고 은밀하게 멋대로 참소하여 군주의 귀를 현혹하게 됩니다. 더구나 지금은 어린 군주가 위에 계시니 더욱 경계해야 합니다. 내외內外에 신칙하여 엄히 방지하고 금하여, 비록 척속의 문안이라 하더라도 제한을 둠으로써 궁궐 안의 말이 밖으로 나가지 않고 궁궐 밖의 말이 들어오지 못하게 하여 화란의 싹을 막으소서.

궁인宮人은 반드시 온순하고 어질고 공손하고 검소하고 신중하면서 말이 적은 자를 가려서 항상 좌우에 있도록 함으로써 사치하는 습관과 천박하고 속된 말을 듣고 보지 못하도록 해야 하니, 이 또한 보양하는 한 가지 방법입니다. 조종조에서는 궁인을 선

발해 들일 때 천례賤隷나 장사꾼의 딸은 으레 선발에 들지 못했습니다. 지금은 처음 시작을 바르게 해야 할 때이니 의당 조종조의 고사를 준행해야 합니다. 족속族屬에게 연줄을 대어 궁중에 의탁해 있는 자들을 일절 내보냄으로써 내외를 엄히 하소서.

군주의 직분은 용인用人이 큰 부분을 차지합니다. 어진 이를 등용하고 어리석은 자를 물리치는 것에 나라의 치란이 달려 있습니다. 지금 주상께서 연소하시어 신하들의 현부賢否를 살피지 못하시니, 관직을 제수하는 때에 특지特旨를 써서는 안 됩니다. 지금 이후로 2품 이상에 궐원闕員이 있으면 전조銓曹에서 신중히 의망擬望하고, 혹 의망할 사람이 부족할 경우에는 계품啓稟한 뒤 올려 의망하되 삼망三望을 꼭 갖추지 않아도 되게 하소서.

모든 진소陳訴와 송사訟事는 유사有司에게 맡기되, 처리하기 어려운 일이 있으면 조정에 의논하고 절대 판부判付하지 마셔서 공도公道를 밝히소서. 대저 규중閨中의 일은 숨겨도 드러나지 않는 것이 없으니, 만약 사사로운 의도가 있으면 사람들이 모두 압니다. 제수할 때나 판부할 때에 뇌물이나 친속 관계에 좌우되어 분명하지 않고 불공정한 처사가 있으면 인심이 원망하고 노하며 사람들이 저주하게 됩니다. 끝내 흙더미가 무너지는 듯한 화를 초래하는 것이 바로 여기에서 비롯되니, 위태롭지 않겠습니까.

승정원의 직임은 성심을 다해 왕명을 출납하는 데 있습니다. 그런데 근래에는 오로지 뜻을 받들기만 힘쓸 뿐 내지內旨를 봉환封還한 일이 있다는 말을 듣지 못했으니, 이는 성심을 다해 왕명을 출납하는 뜻이 아닙니다. 정원으로 하여금 봉행奉行하기에 합당하지 않은 내지가 있을 경우에는 반드시 논계論啓하고 경솔히 시행하지 말게 함으로써 그 직분을 다하게 하소서.

후세의 군주들 중에는 궁중宮中과 부중府中을 일체一體로 만든 사람이 적었습니다. 더구나 지금은 연소한 군주가 위에 계시고 자전께서 섭정하시는 상황이니, 궁중과 부중이 둘로 갈라지기에 이를까 염려됩니다. 정사에 확신이 들지 않거나 어려운 일이 생기면 조정에 의논하고, 죄를 논해야 할 만한 일이 있으면 유사에게 맡겨서 공명정대한 다스림을 밝히소서. 혹 좌우의 근습近習과 의논하거나 척속과 인척에게 물을 경우에는 사사로운 문이 한번 열림에 따라 군주의 절대적인 권력이 암암리에 옮겨가는 것입니다. 나라를 잃고 집안이 망하는 환란이 여기에서 비롯되지 않은 경우가 없으니, 경계하지 않을 수 있겠습니까.

대행 대왕은 동궁에 계실 때부터 학문에 깊이 힘을 쏟아 수신제가의 도를 이루었고, 보위에 오르신 뒤에는 명을 내리고 정령政令을 시행하는 데 사사로운 뜻이 전혀 없었습니다. 그리하여 공도公道가 행해짐이 햇살이 밝게 퍼지는 것과 같았기에 인심이 우러러 존경하여 장차 지치至治를 볼 수 있을 것으로 생각했는데, 얼마 되지 않아서 갑자기 이렇게 망극한 일을 당했으므로 멀고 가까운 백성이 울부짖고 통곡하며 장차 환란에 빠지고 말 것처럼 생각했습니다.

이제 주상 전하께서 보위를 이으시어 온 나라 신민들이 대행 대

왕에게 바라던 바를 전하에게 기대하고 있으니, 그 기틀이 매우 중요합니다. 사람들의 마음을 복종하게 하고 한 나라의 기대를 결속하는 것이 모두 오늘에 달렸습니다. 삼가 바라건대 양궁兩宮께서는 유념하소서.

『회재집』 권13 계, 「정부서계십조」

명종 즉위 초 이언적은 자신이 초草한 것을 영의정 윤인경, 좌의정 유관 등이 연명해서 차자를 올렸는데, 하나는 언문으로 대왕대비에게, 하나는 한문으로 대전에게 제출한 것이었다. 이 글은 모두 10개조로 이루어졌는데, 대부분의 내용이 궁부일체론과 관련되었다. 차자에서 이언적은 후세의 군주로 궁부일체를 이룬 자가 드물며, 특히나 지금은 어린 주상이 있고 자전이 섭정하기에 이로써 궁중과 부중이 갈라져 둘로 되지 않을까 두렵다고 했다. 이언적이 궁중과 부중이 둘로 갈라졌다고 지적한 것은 척리와 궁인의 문제를 비롯해 임금의 특지, 규중의 일, 승정원의 문제 등이었다.

차자에서 이언적은 먼저 예로부터 화란의 발생은 궁금宮禁이 엄하지 못한 데서 발생했다고 전제하고는 여알女謁이 성행하면 척리와 소인들이 이를 연줄로 삼아 청탁하여 국정을 문란시키고 임금을 현혹시킨다고 했다. 또한 궁인을 천예賤隸나 상인의 딸로 채움으로써 문제가 생겼으며, 규중의 일은 언젠가는 알려지며 이 과정에서 사의私意가 개입되면 역시 화가 생긴다고 했다. 이언적은 이밖에도 임금이 어려 신하들의 현부賢否

를 알 수 없는데도 특지特旨로 관원을 제수하는 것은 옳지 않다고 했으며, 승정원의 직무기 왕명의 출납을 미덥게 하는 것인데도 근자에 내지內旨를 봉환封還는 일이 없다는 점 등을 문제점으로 지적했다. 그리고 이런 일들로 인해 궁중과 부중이 나누어지는 문제점이 발생한다고 했다.

이언적은 이런 문제점을 지적한 뒤 그 대책으로 척리와 군주의 접촉을 줄이기 위해 척리의 문안을 제한함과 함께 궁인들 중 온량하고 공검한 자를 선택해서 옆에 두자고 했다. 또한 부중의 역할을 강화하여 관원 임명 시, 특히 2품 이상 관원의 임명 시에는 전조銓曹에서 신중하게 선택하여 삼망을 갖추어 임명하고, 형벌 등의 적용이 필요하면 유사, 즉 형조를 통해서 법 처리를 할 것을 제안했다. 아울러 승정원에서 봉환을 활성화하자고 했다. 이상 이언적이 지적한 여러 가지 문제는 결국 궁부일체를 위한 방안이며, 동시에 사문私門을 열지 않기 위한 것이었다. 즉 이언적이 지적한 척리나 궁인, 규중의 일 등을 비롯해 국왕의 특지 등을 거론한 것은 결국 국왕의 사적인 국정운영 행태에 대한 비판이며, 궁부일체의 실현을 통한 공도의 실현을 위한 것이었다.

【 율곡전서 2 】 원문 3 4

이른바 '편벽된 사심을 버리고 지극히 공평한 도량을 넓힌다'는 것은 이런 뜻입니다. 병통을 교치矯治하는 방법에 대해 대략 앞에서 아뢰었습니다만, 편벽된 사심이라는 한 가지야말로 고금을 두고 겪어 온 병폐이기 때문에 분명히 말씀드리겠습니다. 만약

편벽된 사심을 털끝만큼이라도 떼어버리지 못하면 요순의 도에는 들어가기 어렵습니다. 지금 전하께서는 자질이 청명하시어 병통이 본디 적긴 하지만 편벽된 사심을 아직도 다 극복하지 못하고 계시니, 아마도 천지처럼 광대하지는 못하신 듯합니다. 지난번 내관內官이 수본手本을 올린 일에 대해서는 신이 밖에서 휴가 중이었기 때문에 그 상세한 내용을 알 수는 없으나, 새로 탄생하신 왕자를 중전中殿 아래에 두시겠다는 뜻이었는데, 정원政院이 그것을 고쳐 쓰게 한 것으로 들은 듯합니다. 만약 그렇다면 명칭을 혼동해서는 안 될 것이며, 글자 몇 자를 고쳐 쓰는 것은 역시 지극히 쉬운 일인데 환관宦官이 어째서 따르지 않았단 말입니까. 그 뒤에 진교를 보니 싱께시 고치지 말고 정원으로 곧장 내려보내라고 명하신 것으로 되어 있었습니다. 신은 어리석어 사체를 모르겠습니다마는 정원이 이미 후설喉舌이라고 이름 지어진 이상 크고 작은 모든 일이 그곳을 거치지 않아서는 안 될 것입니다. 내전內殿과 외정外廷에 어찌 두 가지 체제가 있겠습니까. 만약 그것이 상의 명으로 특별히 나온 것이라면 아무리 미세한 일일지라도 그것은 곧 전교이니, 어찌 수본이라고 부르겠습니까. 그리고 그것이 일단 내관의 수본이었다면 더욱 정원을 거치지 않고 들어갈 수는 없는 일입니다. 공평한 마음으로 그 일을 살펴보신다면 그러한 이치는 저절로 밝혀질 것입니다. 정원에서야 성상의 뜻에서 특별히 나온 것인 줄 어떻게 알아서 내관을 탓하지 않을 수가 있었겠습니까. 전하께서 공평한 마음을 지니지 못하시고

목소리와 얼굴빛을 매우 엄하게 하셨는데, 이는 후설의 신하를 멀리하고 환관을 친근히 함으로써 조신朝臣을 경멸하는 경향을 조장하게 하신 일입니다. 성상께서 하교하시기를, "시국의 일이 그릇되는 것이 많은 것은 임금이 엄하지 않기 때문이다"라고 하셨습니다. 아, 형을 받은 하찮은 환관들이 감히 후설의 신하들에게 대항하고, 관계가 소원한 내노內奴가 감히 분수에 어긋나는 은총을 바라며, 귀척貴戚은 말을 타고 가다가 교서敎書를 마주쳐도 피하지 않으니, 전하의 정사는 엄하지 않다고 말할 만합니다. 전하께서는 혹시 이 때문에 자책하신 것입니까. 한 문제文帝 때에 태자가 사마문司馬門을 지나면서 수레에서 내리지 않자 공거령公車令이 이를 탄핵하는 상소를 올렸고, 등통鄧通이 총신寵臣으로서 무례無禮하자 승상丞相은 불러 목을 베려고 했습니다. 만약 상정常情으로 논한다면 태자를 공경하지 않은 것은 바로 임금을 가벼이 여기는 것이 아니겠으며, 총신의 목을 베려고 한 것은 곧 위세와 권력을 남용하는 것이 아니겠습니까. 그런데도 문제는 임금으로서의 위엄을 잃지 않았고 세상을 잘 다스린 효과가 오늘날과 견줄 수 있는 정도가 아니었습니다. 지금 전하께서는 근신近臣보다 더 가까운 신하가 없는데도 환관으로 사사로운 신하를 삼고 계시며, 만백성보다 더 많은 백성은 없는데도 내노들로 사사로운 백성을 삼고 계십니다. 이러한 병폐를 없애지 않는다면 시사時事를 바로잡을 길이 없습니다. 신은 전하께서 엄해질수록 시사가 더욱 그르쳐질까 염려스럽습니다. 한 무제武帝는 관

冠을 쓰지 않고 있다가 급암汲黯을 보고서는 장막 속으로 피했고, 당 태종太宗은 매[鷂]를 팔뚝 위에 올려놓고 있다가 위징魏徵을 보자 품 안에 감추었습니다. 이 두 임금은, 정치의 도는 순수하지 않았지만 정령政令이 엄하고 밝아 잘하는 자에게는 상을 주고 죄지은 자에게는 반드시 벌을 주었기 때문에, 귀척이나 내시들도 감히 법을 범하지 못했으니, 역시 오늘날에 있어서는 미칠수가 없는 임금들입니다. 그런데 임금으로서 신하를 두려워했으면서도 엄하지 않은 듯이 보인 것은 무슨 이유이겠습니까. 그것은 신하를 두려워한 것이 아니라 의를 두려워한 것이었기 때문입니다. 공연히 엄하기만 하고 의를 두려워하지 않은 자는 실패하지 않은 사람이 없습니다. 전하께서도 스스로를 돌아볼 때 의를두려워한다고 생각하십니까. 그리고 요즘 헌부가 다투고 있는일에 대하여 신은 비록 그 전말을 알지 못하겠습니다만, 헌부가사실의 확인을 자세히 하지 않은 것이 아닌가 추측됩니다. 그 이유는 전하께서 아무리 사심이 있으시더라도 절대로 불문곡직하고 한 노비奴婢를 놓고 필부와 다투지는 않으실 것이기 때문입니다. 여러 신하의 생각이 여기에 미치지 못하고 있으니, 지혜가 밝지 못하다고 하겠습니다. 비록 그렇기는 하지만 전하께서 이미마땅히 내사內司에 속해야 함을 아셨더라도 오히려 병급並給하는것을 허락하셨더라면 더욱 성상의 도량이 넓으심을 흠모하기에충분했을 텐데, 여러 날 동안 고집을 굽히지 않고 계시니, 어찌신민들로서는 전하의 사사로운 아낌이 아직 사라지지 않았다고 의심하지 않겠습니까. 임금이란 엄하지 못할까 걱정하지 말고 공정하지 못할까 걱정해야 합니다. 공정하면 밝아지게 되는데, 밝아지고 보면 엄한 것은 자연 그 속에서 있게 되는 것입니다. 삼가 바라건대, 전하께서는 법을 시행하심에 있어 귀척과 근신으로부터 시작하시고, 인仁을 미루어 나가 백성에게까지 미치도록 하소서. 그리고 궁중宮中과 부중府中이 일체가 되어 환관이 임금을 가까이 모심을 믿고 조정의 신하들을 가벼이 여기게 하지 말 것이며, 만백성을 한결같이 보시어 내노內奴가 임금을 사사로이 모심을 믿고 엿보아서는 안 될 일을 엿보게 하지 마소서. 왕실의 재물을 유사에게 맡기시어 사물私物처럼 여기지 마시고, 한편에만 치우치는 생각을 마음속에서 끊으시어 공평한 도량으로 모든 것을 감싸고 널리 덮어주도록 하소서. 그와 같이 하신다면 나라의 창고가 모두 재물인데 어찌 쓸 것이 없을까 걱정될 것이며, 온 나라 사람이 모두 신하인데 어찌 노비가 없을까 걱정이 되겠습니까.

『율곡전서』 권5, 소, 「만언봉사」

이이는 먼저 편벽된 사심을 털끝만큼이라도 떼어버리지 못한다면 요순의 도에 들어갈 수 없다고 전제하고는 내관內官이 승정원을 거치지 않고 수본手本을 올린 일을 비판하며 승정원은 이미 후설喉舌이라 이름 했기에 조정의 크고 작은 일은 모두 승정원을 거쳐야 한다고 했다. 내관의

公, 천하의 기준이 되다

이런 행태는 당시 임금이 후설의 신하를 멀리하고 환관을 친근하게 함으로써 발생한 것으로, 결국 환관이 조신을 경멸하게 되었다고 했다. 이어 당시 이를 둘러싸고 조정에서 논란이 일자 임금이 "시국이 그른 것은 임금이 엄하지 못하기 때문이다"라고 한 발언을 소개하며 이를 비판했다. 먼저 형刑을 받은 하찮은 환관들이 후설의 신하에게 대항하고 내노內奴가 감히 분수에 어긋나는 은총을 바라며 귀척貴戚은 말을 타고 가다가 교서敎書를 마주쳐도 피하지 않으니 이것은 결국 임금이 엄하지 못하기 때문이라고 했다. 그러나 이이가 판단하기에 시국의 혼란스러움이 임금이 엄하지 못하기 때문이기보다는 의義를 두려워하지 않기 때문이었다. "공연히 엄하기만 하고 의를 두려워하지 않은 자는 실패하지 않은 사람이 없었다." 여기서 이이가 지적한 '의'는 공과 상통하는 것으로 "임금이란 엄하지 못할까 걱정하지 말고 공변되지 못함을 걱정해야 한다"고 했다. 그러면서 그 대책으로 궁부일체를 제시했다. 이 지적은 전형적인 왕토와 왕민 사상에 연유한 사고로, 궁중=환관=내노=내탕=사물의 논리가 확인된다. 그리고 이렇게 궁중과 부중을 분리시키지 말고 궁부일체를 시키자고 주장한 것이다. 이이는 특히 환관의 화와 척속의 문제에 대해서는 여러 글에서 지적한 바, 예를 들어 『성학집요』에서는 이들의 사통私通을 막는 것이 바로 공이라고 지적한 바 있었다.

【홍재전서 1】 원문 35

아, 선대왕께서 50년 동안 탕평蕩平에 힘쓰셨던 다스림이 어찌

융숭하고 지극하지 않았겠는가. 신축년(1721)과 임인년(1722)의 의리義理는 곧 충신과 역적이 갈리는 관건이었는데, 인심이 각기 달라 갈라진 의논이 일치되지 않았다. 을해년(1755) 이후 조정 신하들이 혹 연석筵席에서는 꺼리고 피하긴 했어도 오히려 다시 조정에서 들끓어 수십 년의 고질적인 폐단이 되어 구제할 수 없게 되었다. 내가 등극한 이후로는 새로운 역적 무리가 나와서 엄히 징계하여 토벌하느라 다른 일을 돌아볼 겨를이 없었다.

조정 신하들이 필시 아뢰기를, "신축년과 임인년의 의리는 이미 선대왕 때의 일에 속하니 비록 당목黨目을 없애지 않는다 하더라도 무슨 손상될 바가 있겠습니까"라고 할 것인데, 이는 크게 그렇지 않다. 선대왕께서 정사에 힘쓰지 못하게 된 이후로부터 지난해 겨울에 이르기까지 조정의 분위기가 심하게 동요되었던 것은 어찌 일찍이 당목을 무기로 삼았기 때문이 아니겠는가. 윤양후尹養厚가 한 세상을 농간한 것도 이것이고, 정후겸鄭厚謙이 위복威福을 사방으로 펼쳤던 것도 이것이다. 만약 한결같이 그렇게 빚어지도록 놓아둔다면 또한 어찌 요원의 불길처럼 퍼지지 않겠는가.

선대왕께서 고심했던 본뜻이 어찌 일찍이 지난날의 규모와 방불했겠는가. 그런데도 당시 받들어 보좌하는 신하들이 실로 우러러 성상의 뜻을 이해하지 못하고 오직 미봉하는 것만을 상책으로 여겼다. 심지어 한 번 통의通擬하고 한 번 의망擬望하는 데에도 저들과 이들을 번갈아 택하여 조정調停하는 계책으로 삼으려

했다. 그래서 이를 시행한 지 얼마 되지 않아 점차 폐단을 낳아 척리戚里와 권간權姦이 더럽히고 어지럽혀 멋대로 제어할 수 있도록 해줄 뿐이었다.

아, 탕평은 곧 편당偏黨을 제거하고 물아物我의 명색을 없애는 것인데, 세상에 전해지는 탕평의 당이 구당舊黨보다도 심하다는 것은 실로 지나친 말이 아니다. 선대왕의 성스러운 뜻과 같이 갈수록 더욱 견고해지는 것이 아니라면 그 해를 끼치는 것이 어찌 끝이 있겠는가. 충신과 역적이 이미 나누어지고 옳고 그름이 크게 정해진 이후에는 이른바 이 당도 나의 신하이고 저 당도 나의 신하다. 위에서 보면 모두 한방 안의 사람이고 한 뱃속에서 나온 사람이다. 잘하면 상을 주고 죄를 지으면 벌을 주는데 어찌 사랑하고 미워하는 차이가 있겠는가. 그런데도 그 분위기를 보면 자못 진秦나라와 월越나라가 서로 관계를 갖지 않는 것과 같으니, 이와 같은데도 나라가 나라다울 수 있겠는가. 예전에 제갈량諸葛亮도 오히려 "궁중宮中과 부중府中은 모두 한 몸이다"라고 했는데, 더구나 한 하늘 아래 한 나라 안에서 함께 한 사람을 높이고 함께 한 임금을 섬기는 자들에 있어서야 말할 것이 있겠는가. 더구나 지금 세월이 오래되어 의리가 갈수록 견고해지는데 어찌 터럭만 한 찌꺼기라도 그 사이에 끼일 수 있겠는가.

대개 한쪽이 고집하는 바는 곧 충성인데 사람들이 옛날 같지 않아 세상의 변화가 층층이 생겨 한쪽 중에도 근래 역적이 있으니, 또한 어찌 고지식하게 저 사람은 한쪽 편이니 모두 충신이고 저

2장 원전과 함께 읽는 공公

사람은 이와 반대되니 모두 반역의 의논을 한다고 할 수 있겠는
가. 지금은 피차를 막론하고 각자 먼저 사기 낭의 역적을 공격하
고 나서 다른 당의 역적에까지 미쳐 나가도록 해야 할 것이다. 그
렇게 하면 이 당과 저 당을 막론하고 역적을 처벌하는 데 엄히 하
여 왕실을 보호하는 데 마음을 쓰는 자가 곧 나라 쪽의 사람이
요 우리 당의 선비가 될 것이다. 그리하여 취하고 버리는 것이 어
렵지 않고 나아가고 물러나는 것이 매우 쉬워 실로 지혜로운 자
가 아니더라도 그들의 가슴속에 자리 잡고 있는 바를 분명하게
알 수 있을 것이다.

과인이 춘궁春宮에 있을 때부터 이러한 폐단을 깊이 알고 있어서
스스로 결코 선한 자와 악한 자를 뒤섞어놓고 옳고 그름을 같은
것으로 여기는 것으로 탕평의 귀결을 삼아서는 안 된다고 생각
했다. 근래 척리戚里의 폐해는 영원히 제거되고 세도世道의 근심
은 조금 덜었는데 오직 이 한 가지 일이 실로 마무리 짓지 못한
문제로 남아 있다. 이후로 나를 섬기는 조정의 신하들은 이 당이
다 저 당이다 하지 말고 또 느슨한 논의다 준엄한 논의다 하지 말
고 일체 예전 폐습을 씻어 없애고 모두 대동大同의 경지에 나아
가 나라와 더불어 기쁨과 정당함을 함께하도록 하라. 내가 조정
에서 보건대, 옛날에는 혹 나그네 같은 신하라고 자처하고 또한
나랏일을 담당하려 하지 않은 자들이 있었으니, 무엇 때문이었
겠는가? 실로 충성스러운 뜻을 지닌 선비가 진정으로 나라를 사
랑하는 정성을 지녔다면 사소한 색목色目의 구분으로 스스로 한

공公, 천하의 기준이 되다

계를 긋고 보답하여 충성을 바칠 방도를 생각지 않으려 하겠는가.

아, 저 조정에서 큰 띠를 드리우고 홀笏을 꽂은 자들은 신하로서 우리 선대왕 및 나 과인을 섬기는 자들이다. 대대로 중요한 지위에서 나라와 그 운명을 같이한 집안의 사람들로서 은혜가 이미 깊고 의리 또한 무겁다. 비록 가정에서 고수하는 논의가 있다 하더라도 어찌 차마 임금이 주는 녹을 먹고 임금이 주는 옷을 입고서 그 임금의 마음을 생각지 않을 수 있단 말인가. 더구나 지금은 저 당이나 이 당에서 각각 난역亂逆이 생겨 또 지난번에 이른 바와 같은 데야 말할 것이 있겠는가. 어제 천만 가지 단서를 통렬히 유시했으니 경들이 혹 알아들었을 터인데도 이렇게 성실히 힘을 다하여 유시하는 것을 그만두지 못하는 것은 진실로 나라의 흥망의 기틀이 이 한 가지 일에 달려 있고 힘을 써서 효과를 내도록 하는 데에도 지금이 전보다는 쉬울 것이기 때문이다. 지금부터 나는 등용하고 내칠 때에 당목黨目 두 글자를 먼저 마음에 새겨 두지 않고 오직 그 사람됨만을 보아 어진 이를 등용하고 불초한 자를 내칠 것이다. 아, 대소 신료들도 이 두 글자를 마음에 싹틔워 입으로 내지 말도록 하라. 경들이 협찬하는 성과는 먼저 정주政注를 살펴보면 알 수 있을 것이다. 마음을 다 내보여 유시하니, 나는 다시 말하지 않겠다.

『홍재전서』 권30, 교1, 「정신거당신칙교」

이 교서에서 정조는 당시의 신료들이 관원을 임명할 때 "저들과 이들을 빈갈아 대하여[參互彼此]"라고 하며 미봉하여 조정하는 계책으로 삼자 척리와 권간들이 더럽히고 어지럽혀 멋대로 제어할 있게 되었다고 했다. 또한 의리가 정해진 뒤에 각자가 이 당 저 당 나누어 서로 간섭하지 않기를 진월秦越과 같이 하므로 나라가 나라다울 수 없다고 했다. 그러면서 제갈량의 궁부일체론을 거론하며 이런 작태는 한 나라에서 한 임금을 섬기면서는 있을 수 없는 것이라 하며 정신들에게 당목黨目을 버리고 오직 그 사람됨만을 보아 등용할 것을 신칙했다. 여기서 궁부일체론은 정조가 추구하는 탕평 모델로 작용한 것이라 하겠다.

이처럼 정조는 자신이 추구하는 왕실 재정의 개혁이나 탕평을 위해 궁부일체론을 언급했다. 그렇다면 정조가 궁부일체론을 통해서 추구하려는 최종적인 목적은 무엇이었나? 앞서 연구된 바와 같이 국가 운영의 공공성을 확보하려는 것임은 물론이다. 다만 앞서 17세기 신료들의 경우도 역시 국가 운영의 공적 성격을 강조했기에 외면상으로는 크게 다르지 않다. 그러나 국왕이 궁부일체론을 직접 거론한 데서 앞서 신료들의 그 주장과는 다르게 해석되어야 할 것이다. 그것은 다름 아닌 공공성의 주체가 바로 국왕이 되며, 국왕의 예하에 왕실과 부중의 기구까지 포섭하고 이를 통해 전일적 지배를 구현하려던 것이었다. 즉 재정 개혁에서도 왕실 재정 개혁 일방으로 귀결되기보다는 공공기관의 재정 개혁도 추진했다. 예를 들어 1778년(정조 2) 12월 아문과 영문營門의 둔전에 똑같이 궁방전의 규정을 적용한 데서 알 수 있다. 결국 정조는 일국의 전일적 지배를 목표로 궁부일체론을 제시하며 자신의 국가 개혁에 대한 각종 정책을 구현했다고 하겠다.

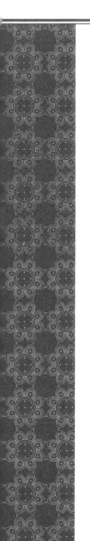

위현성魏玄成(위징魏徵)은 다스리는 요령을 알았다. 그의 말에 "벼슬에 나아가기를 쉽게 여기는 사람을 버려야 하고 얻기 어려운 보물을 천하게 생각해야 한다. 다스림은 어진 이를 등용하고 불초한 자를 물리치는 데에 달린 것이다" 했다. 어떤 사람이 어진 사람인가? 공公을 위하고 사私를 위하지 않는 사람이다. 소인小人은 이와 반대된다.

공자가 유행儒行을 논하여 "벼슬에 나아가기는 어렵게 여기고 물러나기는 쉽게 한다" 했으니, 그 어렵게 하고 쉽게 하는 까닭을 알아야 한다. 군자가, 나라가 다스려지면 벼슬에 나아가는 것은 겸선兼善을 생각하기 때문이고, 나라가 어지러우면 벼슬에서 물러나는 것은 나라에도 이익이 없고 자신에도 해가 이르기 때문이다. 임금을 높이고 백성을 유익하게 만들 수 없다면 벼슬과 지위를 마음에 두지 않는다. 이러므로 군자는 한 걸음 나아가고 물러서는 것을 공公인가 사私인가 하는 데서 결정한다. 그런데 소인은 바르지 못한 샛길에서 기회만 엿보다가 오직 벼슬에 나아갈 수만 있으면 나아가면서, 한 걸음을 나아가고 물러서는 것을 역시 공이냐 사냐 하는 데서 결정하니, 사가 공을 해친 지가 오래다. 벼슬에 나아가기를 어렵게 생각하는 자는 아무리 기대에 어긋나는 일이 많다 해도 결국 나라를 위해 목숨을 바칠 사람이고, 벼슬에 나아가기를 쉽게 생각하는 자는 아무리 한 시기에 있어서 좋은 계책을 낸다 하더라도 결국은 자기 몸만 이롭게 할 사람이다.

『성호사설』 권10 「이진지인」

이익은 어진 이는 재주 있는 모사가 아니라 공사의 철저한 구분 위에서 사를 버리고 공을 위해 자기를 희생하는 사람이라고 보았다.

【 성호사설 2 】 원문 37

대개 전지란 것은 본래 국가 소유인만큼 개인으로는 자신의 것이라고 감히 단정할 수 없으니, 예나 지금이나 미워하고 싫어하는 것은 이 사전私田에 대한 폐단이다. 사私의 반대가 공公이라면 어느 것인들 공전公田이 아니겠는가? 전주田主란 것은 공전을 빌어서 경작하여 나라에 세금을 바치는 데 지나지 않는 것이다. 그러므로 서로 전지를 사고파는 것은 바로 사사로운 일이니, 진실로 큰 역량과 수완으로 이것을 개혁할 만한 자가 있다면 구애할 필요가 없을 것이다. 옛날 왕망王莽은 천하의 전지를 모두 왕전王田이라 이름했다. 왕王이란 무엇이든지 공公으로 하기 때문에 그가 왕전이라고 이름하여 사私가 아니란 것을 밝혔으니, 그의 뜻

공公, 천하의 기준이 되다

은 매우 컸다. 후인으로서는 그의 역량을 따른 자가 없으니, 그가 찬역簒逆했다는 것으로써 이런 큰 역량까지 덮어 없애지는 말아야 할 것이다.

『성호사설』 권10 「전제」

이익은 문벌을 숭상하는 폐해를 지적하는 가운데 과거 급제자들을 문벌을 기준으로 등급을 매기는 것을 비판하면서, "이는 국초에 제정된 법이나 규정이 아니라 중간에 제 뜻에 따라 사정私情을 행사하는 무리가 한 짓인데, 그대로 그릇된 규례가 된 것이다"(『성호사설』 인사문 「상벌」)라고 했다. 토지세도의 문란을 지적하면서도 "대개 토지는 본래 국가의 소유인만큼 개인으로는 자신의 것이라고 감히 단정할 수 없으니 예나 지금이나 미워하고 싫어하는 것은 사전에 대한 폐단이다. 사의 반대가 공이라면 어느 것인들 공전이 아니겠는가? 전주란 공전을 빌려서 경작하여 나라에 세금을 바치는 데 지나지 않는 것이다"라며 토지에 대한 공 개념을 강조했다.

【 여유당전서 1 】 원문 38

여기서 논하는 것은 법이다. 법인데도 명칭을 예禮라고 한 것은 무엇인가. 예전 성왕聖王들은 예로써 나라를 다스리고 백성을 인도했다. 그런데 예가 쇠퇴하자 법이라는 명칭이 생겼다. 법은 나

라를 다스리는 것이 아니고 백성을 인도하는 것도 아니다. 천리
大理에 헤아려보아도 합당하고 사람에게 시행해도 화합하는 것
을 예라 하며, 두렵고 비참한 것으로 협박하여 백성이 벌벌 떨며
감히 죄를 범하지 못하도록 하는 것을 법이라 한다. 선왕은 예를
법으로 삼았고 후왕後王은 법을 법으로 삼았으니, 이것이 같지
않은 것이다.

주공周公이 주나라를 경영할 적에 낙읍洛邑에 있으면서 법 6편을
제정하고 이를 예禮라 이름했으니, 그것이 예가 아닌데도 주공이
어찌 예라고 했겠는가. 세속에서 요순 시대의 태평 정치를 말하
는 자는 "요와 순은 모두 팔짱을 끼고 공손한 모습으로 아무 말
없이 띠 지붕 밑에 앉아 있어도, 그 덕화德化의 전파하는 것이 마
치 향기로운 바람이 사람을 감싸는 것과 같았다" 한다. 이리하
여 희희熙熙(화락한 모양)한 것을 순순淳淳(순박한 모양)하다고
하고 호호皞皞(만족하게 여기는 모양)한 것을 거거蘧蘧(만족하게
여기는 모양)하다 하고, 무릇 시행하거나 동작하는 것이 있으면
곧 당우唐虞 시대를 인증하여 윽박지른다. 그러면서 "한비韓
非·상앙商鞅의 술법이 각박하고 정심精深한 것은 실로 말세의 풍
속을 다스릴 만한 것이건만, 요순은 어질고 영진嬴秦은 포악했으
므로, 엉성하고 느슨한 것을 옳게 여기고 정밀하고 각박한 것을
그르게 여기지 않을 수 없다" 한다. 그러나 내가 살펴보건대, 마
음을 분발하고 일을 일으켜서 천하 사람을 바쁘고 시끄럽게 노
역시키면서, 한번 숨 쉴 틈에도 안일하지 못하도록 한 이는 요순

이요, 정밀하고 각박하여 천하 사람을 조심하고 송구하여 털끝만큼이라도 감히 거짓을 꾸미지 못하도록 한 이도 요순이었다. 천하에 요순보다 더 부지런한 사람이 없었건만 하는 일이 없었다고 속이고, 천하에 요순보다 더 정밀한 사람이 없었건만 엉성하고 우활하다고 속인다. 그래서 임금이 언제나 일을 하고자 하면 반드시 요순을 생각하여 스스로 중지하도록 한다. 이것이 천하가 나날이 부패해져서 새로워지지 못하는 까닭이다. (…) 무릇 이와 같은 것들이 진실로 결단하여 행하여지기를 바라거니와, 소소한 조례條例와 자잘한 명수名數에 혹 구애되어 통하기 어려움이 있는 것들이야 어찌 굳이 내 소견을 고집하여 한 글자도 변동할 수 없다 하겠는가. 그 고루한 것은 용서하고 편협한 것은 공평하게 하여, 수정하고 윤색할 것이다. 혹 수십 년 동안 시행하여 그 편리한가의 여부를 징험해보고 난 다음, 금석金石 같은 불변의 법전으로 만들어서 후세에 전한다면 이것이 또한 지극한 소원이며 큰 즐거움이 아니겠는가. 잘 정비된 수레를 잘 길들여진 말에다가 멍에를 씌워 좌우로 옹위하고 수백 보쯤 전진시켜 그 장치가 잘 되었는지를 시험한 뒤에야 동여매고 몰아가는 것이다. 임금이 법을 제정하여 세상을 이끌어가는 것이 이것과 무엇이 다르겠는가. 이것이 곧 초본艸本이라 이름하는 까닭이다. 아, 이것이 초본이 아니겠는가.

『여유당전서』 제1집 시문집 권12, 문집 서 「방례초본서」

여기서 정약용은 천하를 개인적인 물건으로 여기는 임금이 사리私利와 사심私心에 근거해서 법을 제정힘으로써 문세가 발생함을 지적하고 있다. 결국 유형원을 비롯해 이후 이익이나 정약용 모두 '사'가 횡행하는 국가 체제의 문제점을 지적한 것으로, 궁극에는 '사'를 배제한 공적인 국가 질서를 모색하게 되었다.

3장

원문

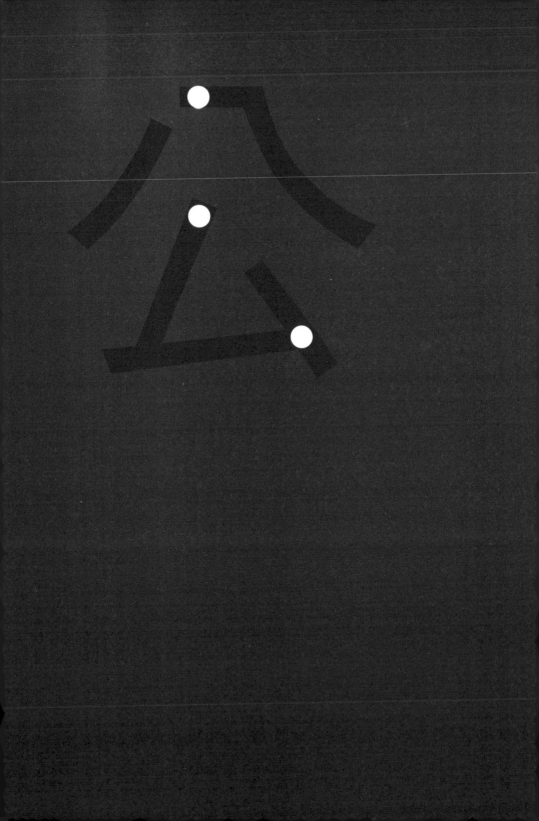

1단계: 공 개념의 등장과 확장

[주역 1] 원문 1

王公設險 以守其國 險之時用 大矣哉(『周易』 29장 坎)

[맹자 1] 원문 2

方里而井 井九百畝 其中爲公田 八家皆私百畝 同養公田 公事
畢然後 敢治私事 所以別野人也(『孟子』「滕文公 上」)

[시경 1] 원문 3

有駜有駜 駜彼乘黃 夙夜在公 在公明明/振振鷺 鷺于下 鼓咽咽
/醉言舞 于胥樂兮 興也

有駜有駜 駜彼乘牡 夙夜在公 在公飮酒/振振鷺 鷺于飛 鼓咽咽
/醉言歸 于胥樂兮 興也

有駜有駜 駜彼乘駽 夙夜在公 在公載燕/自今以始 歲其有 君子
有穀 詒孫子/于胥樂兮 興也

有駜 三章 章九句(『詩經』「魯頌·有駜」)

[서경 1] 원문 4

王曰 嗚呼 父師 今予祇命公以周公之事 往哉 旌別淑慝 表厥宅
里 彰善癉惡 樹之風聲 弗率訓典 殊厥井疆 俾克畏慕 申畫郊圻
愼固封守 以康四海 政貴有恆 辭尙體要 不惟好異 商俗靡靡 利
口惟賢 余風未殄 公其念哉(『書經』「畢命」)

[설문해자 1] 원문 5

公 平分也 从八从厶 八猶背也 韓非曰 背厶爲公(『說文解字』)

[논어 1] 원문 6

子游爲武城宰 子曰 女得人焉爾乎 曰 有澹臺滅明者 行不由徑
非公事 未嘗至於偃之室也(『論語』「雍也」)

[논어 2] 원문 7

子曰 禹 吾無間然矣 菲飮食而致孝乎鬼神 惡衣服而致美乎黻
冕 卑宮室而盡力乎溝洫 禹 吾無間然矣(『論語』「太伯」)

[순자 1] 원문 8

君子之求利也略 其遠害也早 其避辱也懼 其行道理也勇 君子貧
窮而志廣 富貴而體恭 安燕而血氣不惰 勞倦而容貌不枯 怒不
過奪 喜不過予 君子貧窮而志廣 隆仁也 富貴而體恭 殺埶也 安
燕而血氣不衰 柬理也 勞倦而容貌不枯 好交也 怒不過奪 喜不

過予 是法勝私也 書曰 無有作好 遵王之道 無有作惡 遵王之路
此言君子之能以公義勝私欲也(『荀子』「修身」)

[한비자 1] 원문 9

自環者謂之私 背私謂之公(『韓非子』「五蠹」)

[한비자 2] 원문 10

匹夫有私便 人主有公利 不作而養足 不仕而名顯 此私便也 息
文學而明法度 塞私便而一功勞 此公利也 錯法以道民也而又貴
文學 則民之所師法也疑(『韓非子』「六說」)

[한비자 3] 원문 11

明主之道 必明於公私之分 明法制 去私恩 夫令必行 禁必止 人
主之公義也 必行其私 信于朋友 不可爲賞勸 不可爲罰沮 人臣
之私義也 私義行則亂 公義行則治 故公私有分 人臣有私心 有
公義 修身潔白而行公行正 居官無私 人臣之公義也 汙行從欲
安身利家 人臣之私心也 明主在上 則人臣去私心行公義 亂主
在上 則人臣去公義行私心 故君臣異心 君以計畜臣 臣以計事君
君臣之交 計也 害身而利國 臣弗爲也 害國而利臣 君不爲也 臣
之情 害身無利 君之情 害國無親 君臣也者 以計合者也 至夫
臨難必死 盡智竭力 爲法爲之 故先王明賞以勸之 嚴刑以威之
賞刑明 則民盡死 民盡死 則兵強主尊 刑賞不察 則民無功而求

得 有罪而倖免 則兵弱主卑 故先王賢佐盡力竭智 故曰 公私不
可不明 法禁不可不審 先工知之矣(『韓非子』「飾邪」)

[여씨춘추 1] 원문 12

昔先聖王之治天下也 必先公 公則天下平矣 平得於公 嘗試觀
於上志 有得天下者衆矣 其得之以公 其失之必以偏 凡主之立也
生於公 故洪範曰 無偏無黨 王道蕩蕩 無偏無頗 遵王之義 無
或作好 遵王之道 無或作惡 遵王之路 天下非一人之天下也 天
下之天下也 陰陽之和 不長一類 甘露時雨 不私一物 萬民之主
(『呂氏春秋』「貴公」)

[예기 1] 원문 13

大道之行也 天下爲公 選賢與能 講信修睦 故人不獨親其親 不
獨子其子 使老有所終 壯有所用 幼有所長 矜寡孤獨廢疾者 皆
有所養 男有分 女有歸 貨惡其棄於地也 不必藏於已 力惡其不
出於身也 不必爲已 是故謀閉而不興 盜竊亂賊而不作 故外戶
而不閉 是謂大同 今大道既隱 天下爲家 各親其親 各子其子
貨力爲已 大人世及以爲禮 域郭溝池以爲固 禮義以爲紀 以正君
臣 以篤父子 以睦兄弟 以和夫婦 以設製度 以立田裡 以賢勇知
以功爲已 故謀用是作 而兵由此起 禹湯文武成王周公 由此其
選也 此六君子者 未有不謹於禮者也 以著其義 以考其信 著有
過 刑仁講讓 示民有常 如有不由此者 在執者去 眾以爲殃 是謂

공공, 천하의 기준이 되다

小康(『禮記』「禮運·大同」)

[후한서 1] 원문 1 4

是以春秋臣有大喪 君三年不呼其門 閔子雖要経服事 以赴公
難 退而致位 以究私恩 故稱 君使之非也 臣行之禮也(『後漢書』
「郭陳列傳」)

[정성서 1] 원문 1 5

夫天地之常 以其心普萬物而無心 聖人之常 以其情順萬物而無
情 故君子之學 莫若廓然而大公 物來而順應 易曰 貞吉 悔亡 憧
憧往來 朋從爾思 苟規規于外誘之除 將見滅于東而生于西也 非
惟日之不足 顧其端無窮 不可得而除也 人之情各有所蔽 故不能
適道 大率患在于自私而用智 自私則不能以有爲爲應迹 用智則
不能以明覺爲自然(程顥,『定性書』)

[근사록 1] 원문 1 6

仁之道 要之 只消道一公字 公只是仁之理 不可將公便喚做仁
公而以人體之故為仁 只為公則物我兼照 故仁所以能恕 所以能
愛 恕則仁之施 愛則仁之用也(朱子·呂祖謙,『近思錄』「爲學」)

[퇴계집4 1] 원문 1 7

朱子曰 仁者 天地生物之心 而人之所得以爲心 未發之前 四德

具焉 而惟仁則包乎四者 是以 涵育渾全 無所不統 所謂生之性
愛之理 仁之體也 已發之際 四端著焉 而惟惻隱則貫乎四端 是
以 周流貫徹 無所不通 所謂性之情愛之發 仁之用也 專言則未
發是體 已發是用 偏言則仁是體 惻隱是用 公者 所以體仁 猶言
克己復禮爲仁也 蓋公則仁 仁則愛 孝悌其用也 而恕 其施也 知
覺 乃知之事 又曰 天地之心 其德有四 曰元亨利貞 而元無不統
其運行焉 則爲春夏秋冬之序 而春生之氣 無所不通 故人之爲
心 其德亦有四 曰仁義禮智 而仁無不包 其發用焉 則爲愛恭宜
別之情 而惻隱之心 無所不貫 蓋仁之爲道 乃天地生物之心 卽
物而在情之未發 而此體已具 情之旣發 而其用不窮 誠能體而
存之 則衆善之源 百行之本 莫不在是 此孔門之教 所以必使學
者汲汲於求仁也 其言有曰 克己復禮爲仁 言能克去己私 復乎天
理 則此心之體無不在 而此心之用 無不行也(『退溪集』卷7 箚
「進聖學十圖箚」仁說)

2단계 실록에 나타난 '공' 용례의 유형

[조선왕조실록 1] 원문 18

大司憲成奉祖啓 宜山尉南暉 京都之中 聚僧造佛 其放恣甚矣
特以議親宥之 不便 上不允 右參贊許詡曰 暉以駙馬 上恩旣極
宜加敬畏 不此之顧 私造佛像 其罪一也 擅用金銀 其罪二也

城中聚僧 其罪三也 大興佛事 其罪四也 犯此四不法 其無所忌
憚至矣 古人云 法之不行 先自貴近 若不加罪 後無懲艾 願從憲
府之言 上曰 若有罪 則雖大臣終不原也 然待大臣 與常人異 宜
山尉所犯 非放恣無忌憚也 戶曹判書尹炯禮曹判書李承孫左司
諫大夫任孝仁等啓曰 法者公道也 不可以私廢公也(『文宗實錄』
卷12, 2年 3月 22日(乙卯))

大司憲金益精等上疏曰 臣等竊謂 崇德報功 爲國之令典 懲惡勸
善 御下之大權 斯二者不可以偏廢也 本朝三功臣 旣有不世之功
當受稀世之寵 由是我太祖太宗崇其爵秩 尊榮其身 裕及後世
寵綏子孫 殿下又令功臣子孫屬于忠義衛 不論賢愚 皆受爵秩 其
崇德報功 無以加矣 爲功臣子孫者 小心謹愼 效祖考之忠誠 報
聖德之萬一 乃其職分也 其中年少狂妄之輩 不念上恩 不畏邦
憲 肆欲妄行 故縱犯法者 容或有之 一年再犯者 亦有之 勿論
罪之輕重 竝皆蒙宥 恐有乖於懲惡勸善之義矣 若無懲戒之門
馴致驕縱之甚 則安知後日或有干犯重罪 而不得保全者乎 臣等
謹按 大明律隱蔽差役條云 其功臣容隱者 初犯免罪附過 再犯
住支捧給一半 三犯專不支給 四犯論罪 盜賣田宅條云 若功臣
初犯 免罪附過 再犯住支俸給一半 三犯專不支給 四犯與庶人
同 此乃時王之制 不可不遵 願自今功臣子孫犯私罪者 隨卽移文
吏曹附過 三犯依律施行 元從功臣及子孫再犯乃坐 以杜犯法之

源 永保功臣之後 公道幸甚 命下政府六曹同議以啓 僉曰 可依
憲司所啓 上曰 予以法司所啓 卽令議之 然非及時事也 姑留之
(『世宗實錄』卷30, 7年 12月 10日(乙亥))

[조선왕조실록 3] 원문 20

傳旨京畿忠淸慶尙全羅江原咸吉道監司及濟州都按撫使曰 使臣
求美髢綠黑軟細極長者 以國庫米豆 多數貿易 及時上送 傳旨
咸吉道監司 進獻金熊皮 擇品好者 以公私物貿易上送(『世宗實
錄』卷27, 7年 2月 2日(壬寅))

[조선왕조실록 4] 원문 21

其論裕財用之道曰 殿下至以草衣木食之敎 發於絲綸 而在下者
不能導揚 此臣所以慨恨者也 臣願殿下自今年 一年所入財賦
毋論多少 就其中五分除留一分 以其四分 準一年經用 則如此五
年 成一年之蓄 十五年 成三年之蓄矣 議者以爲 以一年之入 不
能繼一年之費 以五分之四 何能支用乎 是固然矣 然汰冗官冗
吏 則食之者寡矣 又自上供 下至俸祿料布 以次遞減 要以準五
分四之數 則可無難繼之患 夫旣能此 則米布積矣 每年倭貢生
銅 殆過數十萬斤 而銷融於弓角契 今若括此 間年鎔鑄 而山海
間魚鹽之入於私門者 皆自度支主管 則煮海鑄山之利興矣 銀非
國産 然密防荣蔘之潛賣 嚴禁八包之濫帶 則倭銀日至 而入燕之
數減矣 然則銀貨亦不可勝用(『英祖實錄』卷37, 10年 1月 5日

(壬午))

朱子曰 西銘 程子以爲明理一而分殊 蓋以乾爲父 坤爲母 有生
之類無物不然 所謂理一也 而人物之生 血脈之屬 各親其親 各
子其子 則其分亦安得而不殊哉 一統而萬殊 則雖天下一家 中
國一人 而不流於兼愛之蔽 萬殊而一貫 則雖親疎異情 貴賤異
等 而不梏於爲我之私 此西銘之大旨也 觀其推親親之厚 以大
無我之公 因事親之誠 以明事天之道 蓋無適而非所謂分立而
推理一也 又曰 銘前一段如棊盤 後一段如人下棊 ○龜山楊氏曰
西銘 理一而分殊 知其理一 所以爲仁 知其分殊 所以爲義 猶
孟子言親親而仁民 仁民而愛物 其分不同 故所施不能無差等耳
○雙峯饒氏曰 西銘前一節 明人爲天地之子 後一節 言人事天
地 當如子之事父母也 ○右銘 橫渠張子所作 初名訂頑 程子改
之爲西銘 林隱程氏作此圖 蓋聖學在於求仁 須深體此意 方見得
與天地萬物爲一體 眞實如此處 爲仁之功 始親切有味 免於莽
蕩無交涉之患 又無認物爲己之病 而心德全矣 故程子曰 西銘
意極完備 乃仁之體也 又曰 充得盡時聖人也(『退溪集』卷7 箚
「進聖學十圖箚」西銘說)

3단계 '공' 인식의 갈래

[조선왕조실록 6] 원문 23

臺諫上言請勿給李佇告身 不允 疏曰 李佇之罪 王法所不赦 故
臣等再三上言其告身不可還賜 殿下以謂佇之罪 與父不同 不
惟不允 乃卽召還京師 又命給其告身 臣等竊惟 罪若不同 當時
群臣上請 殿下斷之 豈同一辭 佇之罪 與其父若或不同 宜令明
辨 使國人皆知其實 然後施行 誰曰不可 不然則恐後世謂殿下
以私恩廢王法也 伏惟殿下留意 不報 臺諫乃詣闕啓曰 李佇父
子 萬世不赦之罪也 今日之召 是以私恩減公道也 上曰 父子 罪
不相及 今日召佇 非私恩 乃公道也 臺諫又啓曰 當其時不分父
子之罪 至今日何以辨輕重乎 上終不允 謂諸代言曰 予反復思之
臺諫之不從我命 非臺諫之意也 乃朝廷之意也 予否德不當主國
故臣下不從命 予不敢聽政矣 爾等幷出去 遂命盧希鳳 出代言
等 封鎖院門 知申事黃喜 與入直代言尹向 退至摠制廳 啓曰 臣
等有罪 則甘受責罰 今以臺諫之故 竝黜臣等 未知何據 人主一
言一動 傳之萬世 臣等豈以出入之難爲計乎 且使中官閉代言司
臣等上畏嚴旨 下畏所司 惶恐殞越 罔知所措 上曰 汝等亦輕我
乎 旣而使希鳳 解代言司封 命之曰 當直代言 毋得啓事((『太宗
實錄』卷12, 6年 閏7月 22日(己卯))

司諫院請閔無咎無疾之罪 疏曰 竊惟法者 天下公共之物 不以
私廢之 不以親害之 然後得以行於天下 頃者無咎無疾等不軌之
罪 當置極刑 殿下特以姻親之故 曲從輕典 各置其鄕 是雖殿下
好生之恩 其於天下之大義何哉 無咎無疾等不軌之罪 天地祖
宗之所共誅 一國臣民所不共戴天 實非殿下所得以私也 去歲旱
甚 飢饉荐臻 今當夏月 霜降霧塞 地震風凄 是雖無咎等陰謀不
軌之所致 臣等竊恐亦殿下失刑之使然也 昔成王 罪人斯得 天
乃反風 歲則大熟 天人相感之理 不其顯哉 竊聞無咎無疾等夤
緣朝廷使臣 訴以被讒 返使殿下得信讒之失 其爲兇逆 可勝言
哉 伏望殿下 割恩擧法 明正其罪 以答天地之心 以快臣民之望
留中不下(『太宗實錄』권15, 8年 5月 22日(庚午))

夜 下備忘記曰 藐予小子 値此國勢之孔艱 叨承付托之丕基 字
惠之澤 不究於小民 災異之作 疊現層出 日夕危懼 凜乎若朽索
之馭馬也 今夏極無之災 振古所無 節過芒種 圭璧旣卒 而凄風
連吹 雨意愈邈 雖有暫時霡霂 譬如洪爐點雪 五日不雨 猶謂無
麥 而矧今比歲不登 民困方極之餘 亢旱之慘 又至於斯 哀我生
靈 大命近止 興言及此 不覺心寒氣塞也 至於地震之變 重發於
數日之內 未知何樣禍機 潛伏冥冥之中 而仁天之警告 若是其
諄諄丁寧耶 靜言思之 咎在一人 食息靡安 罔知攸措 承旨代予

草敎 廣求直言 以匡不逮 其他減膳撤樂禁酒等事 宜令該曹 劃
卽擧行 噫 今玆災珍 寔由於寡昧之否德 而其在群工 豈無交相
勉勵之道乎 咨爾大小臣僚 體予至意 務盡寅協 割斷一己之私
意 克恢蕩平之公道 凡係弊政之無益於國 而有害於民者 亦宜
裁量變通 以濟時艱" 政院請直以聖敎播告 再啓 從之(『肅宗實
錄』卷11, 7年 5月 2日(甲寅))

敎曰 噫 大小臣民 咸聽予敎 朋黨之害 一自家禮源流之後 轉益
層加 各成釁隙 以戕殺爲限 噫嘻痛矣 向者辛壬事 其中雖懷無
將之心者 但誅其人 何必戕殺一邊人後 王章可伸耶 玉石莫辨
輕重莫分 使一邊之人 轉益怫鬱 是亦黨習也 一邊之人 其曰先
朝處分 刊于寶冊 後王焉敢用舍於其間云 而此則大不然矣 我
聖考示聖意於宸章者 鎭黨習之盛意 則其在人臣之道 懷蕩平務
公道 道理當然 而若以患失之心 萠於心 無嚴之志 係於胸 則治
乎 不治乎 噫 爲先王而有不敬之心 則於後王 豈可謂忠也 爲先
王而有盡忠之心 則於後王 豈不忠乎 嗚呼 國之建策 乃國之公
也 非一人之私也 當事者何敢自謂忠乎 歷觀前史 爲臣子者 以
定策爲功 則權不移於下者鮮矣 領相國必亡之說 左相門生國老
之說 正觸破朋黨之心 反謂之逆 豈不痛哉 然辛壬之事 亦云過
矣 豈因此機 欲盡殺一邊之人哉 逆鏡之事 言之痛心 而疏下之
人 以平日死黨之心 隨參凶疏 此等五人 其在明好惡破朋黨之

道 不可不嚴 噫 予在潛邸 本無見惡於人 則人何惡於予也 此不
過黨習所致 則曰謀危曰侵逼 此以君上爲朋黨之首 寧有是理哉
鄭澔李觀命 視國事如秦越 守黨習如大節 閔鎭遠 身爲肺腑之
臣 猶事黨習 大臣 國之柱石 而俱若此焉 予將孰與爲國事乎 惟
有右相 持心公平 破脫黨習 而衆怒群猜 寧日常少 噫 柳判府事
頃年一疏 率則率矣 而不過語未照看之致 有何不滿於予之意哉
若此而曰逆魁 領相貫日之忠 實非過揚之語 甲辰大喪 若非領相
其何能鎭安世道乎 設令有過 自可消矣 尤可駭者 合啓中 藥院
移設者也 左相之門生國老事 同入請對事 已諭于備忘 而尤可
哂者 盃酒釋憾事也 至於廟庭配享 事體至重 崔相 予未詳知 而
九拜領相 際遇可知 若使南奉朝賀 生於辛壬 奚有多濫之歎 尹
領府事 持操卓異 知之久矣 噫 黨習之弊 奚及於己骨之三臣歟
武弁蔭官 何關於色目 至於吏胥 亦何係於朋比 而朝廷進退 及
於此輩乎 已有申飭 而若不如前 當繩以不遵朝令之律矣 今玆
處分 非他也 向日諸臣之先私讎後國事 而兩司之啓盈握 請對
之事猥屑 終至於籠絡君父之境 此予所以大更張矣 予但當取人
才而用之 若以係於黨習者 進之於前 則當黜當竄 不與同中國矣
至於斯文事 本非推上朝廷之事 如更紛紜 必當嚴加痛斥 噫 君
心如此 而臣若不從 此非我臣子也(『英祖實錄』卷12, 3年 7月
4日(戊午))

弘文館修撰奇遵上疏 其略曰 伏聞 頃以臺諫上疏 訪于大臣 盡
遞臺諫 物議洶洶 人心駭愕 莫測端倪 久愈憫鬱 疏中之語 有何
過越 而殿下以爲過越 大臣亦以爲過越 而遂去言論之臣哉 臣未
知其故 臺諫 人主之耳目 公論之所托 揆事據理而與大臣 論得
失爭是非者 臺諫之事也 以微末之官 不屈於人主 不徇乎大臣
陳正論而獨立 鑠衆口而不變 豈不難哉 殿下之過行政事之乖錯
人物之賢否生民之休戚 其能使之盡言 而言之盡納乎 未聞殿下
有好言之實 臺諫有盡言之誠 而公論尙未泯滅 言路尙未杜塞者
誠以殿下不至於罪言 臺諫不至緘默耳 然而一事之爭一人之駁
尤當易從 而閱月踰時 支離怠倦 德不顯於殿下 怨先歸於臺諫
群小之謗讟爭起 臺風疲勞而莫振 紀綱之所以不立 公論之所以
不行也 殿下旣不能從諫如流 又不能竭誠求言 而反忤言者 以
至遞職 臣不審殿下之意也 殿下之意 豈不曰 臺諫過激言論 以
騷擾朝廷 而將謀所以安朝廷乎 然毁臺諫 而安朝廷 自古所無
此不可使聞於人也 朝廷不和 而臺諫曰和 則是誠欺誣也 朝廷
不爲不和 而臺諫曰不和 亦何害於和哉 夫論已往之患者 所以
救將來之病也 言未然之弊者 所以愼今日之事也 言之不盡 無以
見事之情 言之不直 無以達己之心 伏見臺諫之疏 未有過言激
論 而殿下非之 大臣逢迎 皆以爲非 入則爭斥其非 導之使遞 出
則例請不宜遞之 是誠何心哉 上不能格其非心 使殿下免於過擧
下不能安存言官 務寧朝廷 大臣之爲君忠輔爲國嘉猷 宜若是乎

爲臺諫者 蘊言不發 覿事不白然後 大臣之心安乎 忠言不進 利
病莫聞 國將不利 則大臣其獨安乎 旣不能竭誠盡智 忠告善導
而反去言者 以病言路 臣未知其然也 又伏聞 聖敎有欲罪臺諫
誠有是敎乎 此 喪邦之言 非宗社之福也 色之訑訑 拒人猶遠 況
欲加之以罪乎 然則人將相率 而趨於媚悅謟諛 利身遠辜之是務
則殿下獨將何以哉 近年以來 殿下求治不懈 好學忘倦 思臻善
道 冀聞高論 故朝廷士大夫 洽然將有回心向道之志 而任言責
者 感激奮發 咸欲爲殿下盡言 公道始達 士氣思振 然自經大禍
怵怯之心 尙未消釋 如大病之後 氣力羸脆 苟不養元氣 藥餌之
得其方 則安保其死亡之不至歟 今之言者 上而宰相不肯 下而
群小側目 然而抗顏不縮者 只恃殿下 而殿下又厭之 則子子忠志
之流 其終何托 臣知遞臺諫之敎一下 彈冠相慶之人已衆也 君
子將爲小人所圖 而四散於巖壑 則殿下其誰與共國乎 殿下邈然
孤立乎上 雖欲聞實言 其可得乎 國家之治亂安危 未可知也 伏
願殿下 悔過自責 發於辭命 使國人昭然知臺諫之無過遞職之錯
誤 而且將求言于中外 以問失政 孜孜聽納 從諫弗咈如大禹成
湯 拜言改過之實然後 言路可以復開士氣可以復振矣 不然則臣
未敢知也 今之言者 皆曰 臺諫之疏 本無過言也 入之累日 主上
無過之之言 宰相無過之之議 而李誠彦之疏 至然後 過越之論
始出於上下 此必主上惑於誠彦之讒言 假以他事而遞之也 其言
騰播 聞者驚怪 臣竊未敢信也 若殿下實惑讒譖 假事施怒 則是
亂政覆邦之兆也 以殿下之明聖 寧有是乎 然一日之間 特職李荇

全遞臺諫 情迹不能無嫌 外人之疑宜哉 臣竊觀誠彦之疏 其言
不全爲李荇發 大意則煽起大禍 濁亂朝廷耳 誠彦 性本暴猾陰
凶 猜危險詖 特一惡少 酒色鷹犬賭博之雄耳 加以忌嫉良善 貪
亂樂禍 欲因此 陰售其術 造爲無形之事 布陳不測之言 巧飾百
端 蔓菲成文 僞若直言 沮毀公議 詐捏時病 排陷士林 深謀詭計
莫測其變 見之者易眩聞之者易惑 而欲令上下疑離 朝政昏亂 自
古小人之排擠忠正欺罔上聰 未有若是之巧也 若爲一荇而論救
則何必歷毀一時之事 若是其誣歟 誘扶一人 盡陷一時 術亦深矣
誠彦之輩 先以其議 飛言于宰相 邪讀百變 以動其心 知宰相之
議 亦出于是 而殿下之可搖然後 排群論而上其疏 宰相或有面
諛 而譽之者 殿下外若不惑 而中則生疑 言若不納 而實用其意
誠彦偃然退坐 已窺殿下之深淺矣 詩曰 讒人罔極 交亂四國 此
之謂乎 上使殿下不信臺諫 中使宰相失導殿下 下使士林罔敢措
手 公論消而正道廢 士氣摧而國脈沮 群枉雀躍 衆正索寞 朝綱
頹靡 政事紊舛 而無一人力陳正議 斥露邪術 以暴厥罪 可勝痛
哉 昔虞舜誅四凶 天下咸服 孔子誅少正卯而魯國治 小人之害人
邦國者不誅 無以安邦國 故聖人誅之 臣聞 成廟朝任士洪進曰
臺諫之言 不可盡聽 往往而譴責之 可也 成廟洞照其情狀 而不
加顯戮 終貽廢朝之禍 而今觀之 士洪之言 愚而見著者也 誠彦
之言 隱而奸暴者也 又聞 廢朝柳子光慣嫉士類 羅織無辜 構成
大禍 一網打盡 而今觀之 子光遭遇昏狂 而濟其術也 誠彦欲誤
聖明 而售其奸也 然則合二人之罪而罪之 亦可也 詩曰 殷鑑不

遠 在夏后之世 廢朝之亂 殿下所親覩 原由 奸人憤怨士林 構陷
忠良 以啓殺戮之端 遂至名臣直士肝膽塗地 而宗社覆亡 不容一
髮 尙賴殿下之再造 艱難扶持 以至今日 幺麿誠彦 又欲傾亂朝
廷 陰試其手 凡有血氣者 孰不欲加之以顯戮哉 伏願殿下 明正
典刑 使人人灼知其罪 宗社之福也 豈可以封章 而宥之哉 其言
狂妄 則置之可也 愚賤則恕之可也 今不爲狂妄 不爲愚賤 而深險
詭譎 圖危謀亂 其罪可勝言哉 若曰封事之人 不可加罪 則是愚
且妄也 宰相密護私庇 不暴白其罪 則非謀國之良也 臺諫而怵奸
畏譖 不力請其罪 則非爲君之忠也 嗚呼 徇私忘公 圖安避禍 人
情所趨 孰肯直其道 正其論 以取人之怨哉 士習之鄙陋氣節之
萎薾 占此可知 凡今之人 不爲長慮 惟務苟安 不知大不可安者
伏於小安之中 而視之不救 坐恃自安 如其自安 不亦善乎 如不
自安 終當奈何 不分是非邪正 含糊儱漫 以竢自安 非所聞也 是
以 智者見幾而圖 況事之易著奸之易露者哉 是故 臣以爲 不罪
誠彦 無以安朝廷也 且其言之誣罔 聖明所痛察 固不待辨破也
然所謂時議外議云者 尤足以見其羅織之術也 若以爲 下人論議
國政 則在上之所易惡 故自古小人之謀害忠良者 必曰 政在下議
不在朝廷 激怒人主 人主不明 一有所惑 則反讎忠良 以亂其國
有國者可不察乎 古之聖主 至使庶人謗商旅議者 欲廣聞其失
政也 淸議在下 則雖衰世 猶足以扶持公道 況今士氣之沮喪久
矣 未聞其行也 假令一二志士 慕古憫今 而一言時事 遂指爲非
議 今政可乎 孔子曰 邦有道 危言危行 邦無道 危行言遜 然則於

士之危言 可占其邦之有道矣 若惡其言論 則人將鉗口結舌 狼顧
脅息如暴秦然後 可以爲治乎 其誣爲時議外議者 此空一國之言
也 今者聖明在上 公卿在下 一政之發 大臣論之 臺諫爭之 務使
當理 政令欲一 朝綱欲立 然而曰 政歸外議 何也 其心不難知矣
君子正色立朝 頓綱振紀 行身以實 論事以正 則固不可以他事誣
陷 若曰 政出於下 則可以一網而盡 故舞凶立標 盡襲以時議外
議 奸人之誣讒舉此 可推其他矣 是知憸邪之人 不獨誠彦也 平
時被駁於臺諫 或不容於士論者 咸欲藉荇之去 而暗報其怨 託
詆臺諫 歷論士類 騁訕馳毀 而聞之者不察 轉相非是 亦可嘆矣
大凡邇來 篤道循理之士抗言直諫之人 間有登揚 出入乎臺諫侍
從 或開陳道學之源 講明修齊之實 或不諱時政之失 辨別賢邪
之分 正論法言 布達於朝廷 人心自然矜束 稍知惡之可羞 積久
陋習 漸自斷絶 酒色淫穢之徒儇浮譎詐之曹 不敢自恣 群怒而
衆怨之 譁爲謗議 窺搖正直 相與言曰 主上求治太急 下人爲善
甚迫 此豈致治之道歟 嗚呼 小人之惡治好亂如是 夫且曰 某於
上前 陳某言 大是異事 某與某人 聚會講學 此乃朋黨 某於某
處 論某人之失 是爲私憤 胥動浮言 熒惑人聽 必欲人人懷不平
之心 君子不得安其身 動輒指觸 務爲傾軋 然如此之人 亦豈多
乎哉 大抵今時之病 徒務苟且姑息 而不問曲直不擇賢愚 同收
竝用 未嘗分辨 故賢未必在高位 邪未必在下位 是非蒙昧 黑白
倒置 方正見侮於邪枉 正道或有所湮晦 良可悲夫 賢邪用舍 實
關治亂 未審殿下知其賢而用之勿二乎 知其邪而去之勿疑乎 小

或不察 則邪之所混 而治亂之所分也 可不愼耶 伏願殿下 果知
其賢 則信而用之 不爲邪譖所移 果知其邪 則去而絶之 不爲浮
議所動 明示好惡然後 正士滿朝 而人皆革非爲善矣 自古小人
指斥君子 亦有數語 曰朋黨曰僞學曰詭異強作曰釣名沽直 千謀
萬計 必中而後已 君子則不然 正己守道 進退以禮 得失付命 惟
義之安 嗚呼 漢有黨錮之禍 而王室從而亡 宋有僞學之謗 而君
子不得志 此在聖明所當加察也 伏覩殿下 講學之功不篤 輯〔緝〕
熙之實未盡 擇善或不明 執德或不固 其於群議騷動 難保其不
動 臣未審殿下之志慮 果如何也 殿下與儒臣 講劘學術 非一朝
夕矣 必知格致之方存省之道矣 將用力於獨地 而爲應事接物之
本者 如日月之昭明 則光臨群臣 賢邪自不得遁其情矣 何讒言之
足懼哉 然巧言 大禹所畏 俊人 孔子欲遠 聖人必不爲其所移 而
愼之 若是其慮周矣 伏願殿下 日開經筵 親近儒臣 切磋義理之
奧 謹辨心術之微 使事物之變 瞭然眼前 而且將窮理 以開其知
持敬 以養其心 常令此心之德 光明正大 不容一毫之私焉 則不
但不爲異議所昏 足以爲修齊治平之本 而基宗社萬年維持鞏固
之業矣 殿下潛心焉 臣伏聞讒人之煽亂 不勝憂慮 臣雖微賤 職
忝侍從 而病不得進詣論啓 退伏於家 情不自已 仰陳所懷 極知
言之一發 身且難保 然愛身戀爵 抱言不達 以負殿下 非臣之所
忍也 言有盡而意未畢白 徒仰天流涕而已(『中宗實錄』卷30, 12
年 10月 30日(壬申))

噫 朝廷者 殿下之朝廷也 官爵者 國家之公器也 當以公論 盡用
一時之人才 義謙孝元兩人是非之辨 有何大關 而乃以此定其擧
錯乎 況國是之定 尤不可以口舌爭也 人心之所同然者 謂之公
論 公論之所在 謂之國是 國是者 一國之人 不謀而同是者也 非
誘以利 非怵以威 而三尺童子 亦知其是者 此乃國是也 今之所
謂國是 則異於此 只是主論者自以爲是 而聞之者或從或違 至
於愚夫愚婦 亦皆半是半非 終無歸一之期 豈可家喩戶說而強
定之乎 不過益人之疑而反生厲階耳 作此論者 非士類之意盡
然也 其閒非無深識遠慮之士 而迫於衆議 不能自主張焉 士論
之橫潰 何時可定乎(『栗谷全書』卷7, 疏, 「辭大司諫兼陳洗滌
東西疏」)

藝文奉敎崔自淵成均博士崔孟河校書郎趙峿等上書曰 君父之義
一也 而忠孝之道無異 故經曰 資於事父 以事君而敬同 又曰 事
親孝 故忠可移於君 此所謂忠臣出於孝子之門也 奉常直長兼成
均博士嚴幹 慶尙道尙州人也 自居童稚 事親之餘 力學不倦 歲
在甲午 獲登科第 至庚子受奉常副錄事兼成均學錄 此恪謹乃職
移孝爲忠之時也 第以兩親俱老 邈在天南 憂定省之久曠 惜事
親之日短 乞身歸養 不離其側 親執甘旨 克盡奉養之道 及至連
喪 廬墓六載 寢苦啜粥 不事浮屠 一從家禮 其於事親 終始固

無歝矣 凡爲人子者 孰不養親 而幹之養親 鄕黨宗族稱孝焉 孰
不廬墓 而幹之廬墓 遠近見聞皆服焉 此無他 誠孝之至 爲人之
所不能及也 一鄕之人 宜有公論 而幹之孝行 無間焉 豈可以常
流視之哉 其時判牧事曹致嘉其孝行 馳報監司 欲其擢用 以旌
其行 免喪之後 還授本職 拘於循資之格 十有六年 尙未去官 年
幾五十 鬢已成絲 此臣等所不能緘默也 矧今盛朝崇孝之日 幹之
孝行如彼 而老於一館又如此 豈不有虧於聖代之孝治乎 伏聖殿
下不次擢用 以礪孝風 啓下吏曹(『世宗實錄』卷45, 11年 9月 24
日(丁卯))

[조선왕조실록 12] 원문 30

於是 臺諫連日伏閤 請三人之罪 上重違衆志 命停辛克禮禮葬
旣而復使禮葬 臺諫詣闕 上曰 予近體氣不寧 竢後日 予將親語
之 又傳旨于柳亮曰 克禮之罪 固非無咎等之比 予喜克禮得終
壽考 若犯身無存沒之罪 則吾何愛之有 若無咎等 予初但令出
居城外 群臣屢言罰輕 乃取功臣錄券 今臺諫之意 以爲請之不已
則予必聽從 是以每日詣闕以請耳 政府 公論所出之地 卿可以予
意諭之"(『太宗實錄』卷14, 7年 11月 4日(甲寅))

[조선왕조실록 13] 원문 31

敎曰 靜攝中再次臨門 其雖誠淺 意實爲民 初意其欲除良民之
苦 行大同之政 而因其掣肘 至於減正 噫 體昔年之聖意 欲濟良

民 而此又中止 是欺元元也 豈徒元元 寔欺我心 蒼顔暮年 豈忍
爲此 他日何顔 其將歸拜 今者此擧 國之大事 當初下敎諸臣外
竝皆袖手傍觀 其涉寒心 令備局逐日本司坐起 專意講確 自御供
京外不緊浮費 可補民役者 同爲消詳 以副暮年爲民之意(『英祖
實錄』卷71, 26年 7月 3日(癸卯))

[삼봉집 1] 원문 32

上以承君父 下以統百官治萬民 厥職大矣 且人主之材 有昏明
强弱之不同 順其美而匡其惡 獻其可而替其否 以納於大中之域
故曰相也 輔相之義也 百官異職 萬民異業 平之使不失其宜 均
之使各得其所 故曰宰也 宰制之義也 至於宮闈之密 而嬪媵之
進御 褻御之執役 輿馬服飾之玩 食飮之供 惟冢宰得知之 冢宰
重臣也 人主之所禮貌也 而身親細微之事 不其冗乎 曰非也 嬪
媵褻御 本以備使令也 不謹則有邪媚之惑 輿馬衣服飮食 本以
奉身也 不節則有奢華侈用之費 故先王立法 擧以此屬之冢宰
而以爲之制節限量 其慮遠矣(『三峯集』卷13「朝鮮經國典」「治
典總序」)

[회재집 1] 원문 33

伏以今主上幼年嗣位 輔養爲急而輔養之本 在於慈殿 古之聖賢
雖其生質之美 亦必有敎導之方以爲本也 文母胎敎 孟母無誑 行
跡昭昭 著在前訓 今古慈天 未嘗不欲子賢聖 孰無是心 豫敎於

공公, 천하의 기준이 되다

未生之前 養正於三遷之勤 尙可爲也 況今主上天質高明 氣度
夙成 國人知之以高明夙成之資 加之以敎導之正 其於作聖之
功 有何難哉 伏願慈殿體文母孟母之慈愛 其以豫養先示者必出
於正 非禮勿視 非禮勿聽 非禮勿言 非禮勿動 而先明夫義利公
私之分以立其本 則生於心害於事 作於事害於政者 自爾而少矣
書曰 若生子 罔不在厥初生 自貽哲命 今天其命哲 命吉凶 命歷
年 知今我初服 可不愼哉

一 宋范祖禹嘗言於哲宗曰 陛下今日之學與不學 係他日治亂 今
殿下雖在幼年 正是養正端習之時 學問之功 不可少廢 宜精選
在朝賢德之士 以補勸講之官 經筵之外 不拘常例 於便殿不時
召對 或從容宴語 或講論經史 或問民間疾苦 使情意相孚 進講
之官 亦不但泛讀數遍而已 必伴讀從容 以至詳盡 則非徒學問
益進 其於接士大夫之時亦多 自然涵養德性 成就聖學 又令經
筵官博考前例及先儒格論 參酌以啓 列諸左右 以備觀省

一 人君之德 誠孝爲大 而愼終尤大於養生 殿下於大行大王 有
子道焉 有臣道焉 雖以幼年 不能盡遵禮制 然喪次不可以久不
臨 祀事不可以久不與 當度氣量力 無愆大禮 以盡誠孝

一 自古禍亂 多由於宮禁不嚴 女謁盛行 戚里及小人攀緣請托
以紊朝政 陰肆讒說 以眩主聽 況今幼主在上 尤所當戒 請申勅
內外 嚴其防禁 雖戚里問安 亦令有限 使內言不出 外言不入 以
杜禍亂之萌

一 宮中人 必擇溫良恭儉愼而寡言者 常在左右 浮靡之習 淺俗

之言 母使接於耳目 亦輔養之一端 祖宗朝選入宮人 賤隷商賈之

女 例不得備選 在今正始之初 宜遵祖宗故事 諸因緣族屬托養

宮中者 一切刷出 以嚴內外

一 人君之職 用人爲大 賢愚進退 治亂繫焉 今主上年幼 未察群

臣賢否 除授之間 不可用特旨 今後二品以上有闕 銓曹難愼注

擬 如或乏人 啓稟陞擬 不必備三望

一 凡干陳訴及訟事 當付諸有司 如有難處者 議于朝廷 切勿判

付 以昭公道 大抵閫中之事 無隱而不彰 如有私意 人皆知之 除

授判付之際 或因貨賂 或由親屬 以致不明不公 人心怨怒 厥口

詛呪 終成土崩之禍者 正由於玆 可不危哉

一 承政院之職 在於出納惟允 近來專務承順 未聞封還內旨者

殊失惟允之義 請令政院 內旨有不合奉行者 切宜論啓 勿輕施

行 以盡其職

一 後世人主能以宮中府中爲一體者蓋寡 況今幼主在上 慈殿攝

政 宮中府中 恐至於岐而爲二也 政有所疑難 議諸朝廷 罪有所

可論 付諸有司 以昭平明之理 如或議及左右近習 問及戚里婚

媾 私門一開 大柄潛移 喪國亡家之患 未嘗不由於此 可不戒哉

一 大行大王自在東宮 沈潛學問 以成修身齊家 爰及嗣位 發號

施令 絕無私意 公道之行 如日昭布 人心顒若 思見至治 曾未幾

時 奄至斯極 遠近號痛 若將胥溺 今主上嗣緒 一國臣民 方以望

於大行大王者望於殿下 其機甚重 所以服衆人之心 繫一國之望

悉在今日 伏願兩宮留神焉(『晦齋集』卷13 啓,「政府書啓十條」)

所謂去偏私以恢至公之量者 矯治病痛之說 略陳於前矣 惟是偏
私一事 古今之通患 故表而言之 若偏私之念 一毫未除 則難入
於堯舜之道矣 今殿下淸明在躬 病痛固寡 而偏私一念 猶未克
盡 恐不能與天地同其大也 至如頃日內官呈手本之事 臣在外休
告 未得其詳 似聞以新生王子 繫於中殿之下 政院使改書云 若
然則名稱不可混也 改書數字 易於反掌 宦官何爲不從乎 後日伏
覩傳敎 則自上命勿改 而直下于政院云 臣愚不識事體 但政院旣
名喉舌 則大小之事 莫不經由 內殿外廷 豈有二體 若是特出於
上命 則雖微細之事 是乃傳敎 何名手本 旣是內官手本 則不當
不由政院而入也 下心察之 則其理自明 政院安知特出聖意而不
尤內官乎 殿下不能平心 大厲聲色 是疏喉舌而親宦官 使長輕
蔑朝臣之漸也 聖敎曰 時事多誤 君上不嚴之故也 嗚呼 刑餘小
豎 敢抗喉舌之臣 遐遠內奴 敢希非分之恩 貴戚乘馬 遇敎書而
不避 殿下之政 可謂不嚴矣 殿下其亦以此自咎耶 漢文帝時 太
子過司馬門不下車 而公車令得以劾奏 鄧通以寵臣無禮 而丞相
欲召將斬 若以常情論之 不敬太子 無乃輕君上耶 欲斬寵臣 無
乃擅威權耶 然而文帝不失人君之威 而治平之效 固非今日所可
比擬也 今殿下莫親於近臣 而乃以宦官爲私臣 莫衆於庶民 而
乃以內奴爲私民 此病未除 則時事無由可正 臣恐殿下愈嚴而時
事愈誤也 漢武帝不冠 見汲黯而避帳中 唐太宗臂鷂 見魏徵而
匿懷中 斯二君者 道雖不粹 而政令嚴明 信賞必罰 貴戚閹寺 莫

敢犯法 亦今世之所不能及也 然而以君畏臣 有若不嚴 何耶 此
非畏臣也 乃畏義也 徒嚴而不畏義 未有不敗者也 殿下其亦自
反而思義乎 且近日憲府所爭之事 臣雖未知首尾 固疑憲府契勘
不詳也 何則 殿下雖未免有私 必不至毋問曲直 而與匹夫爭一
臧獲也 羣臣計未及此 可謂智不明矣 雖然 殿下旣知其當屬內司
而猶許竝給 則尤足以欽仰聖度之弘廣矣 累日堅執 無乃臣民疑
殿下私吝未消乎 人君不患不嚴而患不公 公則明 明則嚴在其中
矣 伏願殿下行法 始於貴近 推仁達於衆庶 宮府一體 而毋使宦
官恃近而輕朝紳 兆民一視 而毋使內奴恃私而窺非望 內帑付之
有司 不以爲私物 偏繫之念 絶於方寸 公平之量 包涵遍覆 夫如
是則府庫皆財 何患無用 率土皆臣 何患無奴哉 (『栗谷全書』卷
5, 疏,「萬言封事」)

[홍재전서 1] 원문 35

嗚呼 先大王五十年蕩平之治化 豈不誠隆且至哉 辛壬義理 卽
忠逆關頭 而人心各異 歧議不一 乙亥以後 凡厥廷臣 雖或忌諱
於筵席之間 尙復沸騰於朝廷之上 爲數十年痼弊而莫之救爾 自
予登極以後 新逆輩出 懲討斯嚴 不暇及他 廷臣之言必曰辛壬已
屬先天 雖不擺脫黨目 何傷之有 而此則大不然 自先大王倦勤之
後 以至昨冬 朝象之所推盪者 曷嘗不以黨目爲欛柄哉 養厚之簸
弄一世者 此也 厚謙之威福四張者 亦此也 若一味釀成 則亦豈
不至於燎原耶 先大王苦心本意 何嘗髣髴於曩時規模 而以當日

공公, 천하의 기준이 되다

承佐之臣 實不能仰體聖意 惟以彌縫爲長策 甚至一通一望 參
互彼此 以爲調停之計 故行之未久 駸駸然轉以生弊 秪足爲戚里
權姦濁亂鉗制之資 噫 蕩平卽祛偏黨無物我之名 而世傳蕩平之
黨 甚於舊黨者 諒非過語 儻非先大王聖志赫然 彌久彌堅 其流
之害 豈容但已 蓋忠逆旣分 是非大定之後 所謂此黨 亦我臣子
所謂彼黨 亦我臣子 自上視之 均是一室之人 同胞中物 善則賞
之 罪則罰之 有何愛憎之別 而觀其景色 殆同秦越之不相關涉
如此而國能爲國乎 昔諸葛亮猶曰宮中府中 俱爲一體 況一天之
下 一國之內 共尊一人 同事一君者乎 況今歲月已久 義理益固
寧容有一毫査滓之間於其間者乎 大抵一邊之所執卽忠也 而人
不如古 世變層生 一邊之中 近有逆賊 亦何可一直膠守曰 彼夫
也一邊則皆爲忠臣 彼夫也反是則皆爲逆論乎 今則勿論彼此 各
自先攻其黨之逆 而推及他黨之逆而已 然則勿論彼黨此黨 嚴於
討逆 而乃心王室者 卽是國邊之人 而吾黨之士也 取捨不難 去
就甚易 固不待智者而可以瞭如於胃次者也 寡人自在春宮 深知
此弊 竊自以爲決不可以混善惡同是非 爲蕩平之歸矣 近者 戚里
之害永除 世道之憂少紓 而惟此一事 實爲未勘之案 從今以後
凡玆事我廷臣 無曰此黨彼黨 無曰緩論峻論 一切滌去舊習 咸
造大同之域 與國家匹休共貞 予見於朝廷 古或有自處以羈旅之
臣 亦不欲擔當國事者何哉 誠使忠志之士 眞有愛國之誠 其肯
以些少色目之分 自限於畛域 不思所以報效之道乎 噫 彼在廷
垂紳搢笏者 無非臣事我先大王暨予寡人者也 世祿我喬木我 恩

既深矣 義亦重矣 雖有家庭膠守之論 豈忍食君之祿 衣君之衣
不思其君之心乎 況今彼此之黨 各生亂逆 又如向所云者乎 昨日
洞諭千緒萬端 卿等庶或諦聽而斷斷不已者 誠以國家興亡之機
在此一事 而其所用力而責效 又易於近日之前也 自今予當於用
舍之際 不以黨目二字 先著胷中 惟其人是視 用賢而捨不肖 咨大
小臣僚 亦勿以二字 萌於心而發諸口 卿等協贊之成效 當先觀政
注而知之 敷心而諭 予言不再(『弘齋全書』卷30, 敎一,「廷臣祛
黨申飭敎」)

[성호사설 1] 원문 36

魏玄成其知治要乎 其言曰 去易進之人賤難得之貨治係扵進賢
退不肖也何謂賢爲公而不爲私也小人反是孔子論儒行曰難進易
退須求其所以難易也君子治則進者思兼善也亂則退者無益而害
至也苟不能尊主裨民則爵位非所屑也是一步前却取決扵公私之
間小人則側徑邪蹊旁伺密窺惟可得以進則進其一步前却亦決於
公私之間私之害公久矣難進者雖許多蹉失畢竟殉國人也易進者
雖使一時良圖善策畢竟利己人也

[성호사설 2] 원문 37

夫田者 本國家所有 恐非私主所敢斷 古今所憎惡者是私田之弊
也 私之反則公也 孰非公田 田主者不過借公田 而耕耘納稅扵
公者也 其互相買賣即私中事 苟有大段可更者不必拘也 昔王莽

名天下田曰王田 王者公也 名之所以明其非私也 其意則甚大 後人莫能及其力量也 不宜以其人而併掩之也(『星湖僿說』卷10 田制)

[여유당전서 1] 원문 38

茲所論者法也 法而名之曰禮 何也 先王以禮而爲國 以禮而道民 至禮之衰而法之名起焉 法非所以爲國 非所以道民也 揆諸天理而合 錯諸人情而協者 謂之禮 威之以所恐 迫之以所悲 使斯民兢兢然莫之敢干者 謂之法 先王以禮而爲法 後王以法而爲法 斯其所不同也 周公營周 居于洛邑 制法六篇 名之曰禮 豈其非禮而周公謂之禮哉 世俗言唐虞之治者曰堯與舜 皆拱手恭己玄然默然以端坐於茅茨之屋 而其德化之所漸被 若薰風之襲人 於是以熙熙爲淳淳 以皥皥爲邈邈 凡有施爲動作 輒引唐虞以折之 謂韓非商鞅之術 刻覈精深 實可以平治 末俗特以堯舜賢而嬴秦惡 故不得不以疎而緩者爲是 密而急者爲非云爾 以余觀之奮發興作 使天下之人 騷騷擾擾 勞勞役役 曾不能謀一息之安者 堯舜是已 以余觀之 綜密嚴酷 使天下之人 夔夔遂遂 瞿瞿悚悚 曾不敢飾一毫之詐者 堯舜是已 天下莫勤於堯舜 誣之以無爲 天下莫密於堯舜 誣之以疎迂 使人主每欲有爲 必憶堯舜以自沮 此天下之所以日腐而不能新也…(中略)…凡如此類 誠願其斷而行之矣 若夫小小條例 瑣瑣名數 其或有掣碍而難通者 顧何敢膠守己見 謂不可易其一字乎 其有孤陋者 恕之焉 其有固

滯者 平之焉 修之焉 潤之焉 或行之數十年 以驗其便否焉 於是
作爲金石之典 以垂後世 斯不亦至願大樂哉 以旣攻之車 駕之
於旣熟之馬 旣軏旣衡 猶復左擁右衛 前行數百步 試其調合 然
後乃縛焉 乃驅焉 王者之立法馭世 何以異是 此草本之所以名也
嗟乎 斯豈非艸本哉(『與猶堂全書』 第一集 詩文集 第十二卷
文集 序「邦禮艸本序」)

1. 공 개념의 등장과 확장

1) 劉志賢,「"公'字字源新說」,『淮海工學院學報』9-12, 2011

2) 이하 제자백가의 공 인식에 대해서는 浦口雄三 외 지음, 김석근 외 옮김, 「公私」,『中國思想文化事典』, 민족문화문고, 2003을 참고했음을 밝혀둔다.

3) 이하『예기』의 대동사회에 대해서는, 권정안·복대형,「예기 대동사회에 대한 고찰」,『한문고전연구』36, 2018, 361~363쪽.

4) 浦口雄三 외 지음, 김석근 외 옮김, 앞의 책, 2003 참고.

5) 장현근,『관념의 변천사 중국의 정치사상』, 한길사, 2016, 524~525쪽.

6)『근사록』

7) 나종석,「주희의 공공 개념과 유교적 공공성公共性 이론에 관한 연구」,『동방학지』164, 2013

8) 이승환,「한국 전통의 공공 담론과 근대적 변용」,『유교 담론의 지형학』, 푸른숲, 2004, 172~173쪽.

2. 실록에 나타난 '공' 용례의 유형

1)『태조실록』권14, 7년 8월 9일(임자),"先是 左政丞趙浚謁告 道傳間詣浚第曰 攻遼之擧 今已定矣 公勿復有言."

2)『태종실록』권24, 12년 12월 1일(임자),"爾等夙夜在公難矣."

3)『태종실록』권13, 7년 6월 1일(계미), "用人之道 未盡其公 則考績之法 不得其止矣."

4)『정종실록』권4, 2년 4월 18일(계축), "又稽前朝舊式 定其儀衛 出入必備儀衛而行 其有不備儀衛 而敢輕出者 憲司糾理 以尊公族 以別異姓 以防犯罪之源 以全睦族之道."

5)『성종실록』권34, 4년 9월 20일(무신), "肆我世祖惠莊大王 宗堯舜 憲文武 選於宗室 擧其賢者能者而用之 又慮其公族衆多未詳賢否 則皆使之赴擧 此聖王勸親親之懿典也."

6)『태조실록』권7, 4년 4월 25일(무자), "公卿旣不可使之於內 妃姬又不可使之於外."

7)『세종실록』권114, 28년 10월 9일(계묘), "自公卿大夫至於庶人 如遇父母忌日 只行家祭 不歸於佛者 頗多有之."

8)『정종실록』권2, 1년 8월 3일(경자), "繼自今宗室公侯大臣開國定社功臣 至於百僚庶士 各供乃職 毋相私謁."

9) 郝鐵川,『經國治民之典:『周禮』與中國文化』, 河南大學出版社, 1995

10) 郝鐵川, 위의 책, 1995

11)『세종실록』권24, 6년 5월 12일(병술), "且修前代之史 庸展三長之才 擢置貳公 永輔四世 所資從容論道之益 非有奔走宣力之勞."

12)『세종실록』권64, 16년 4월 8일(을묘), "傳旨 今後令入朝大小人 上位稱殿下 中宮稱王妃 東宮稱世子 大闕稱王府 大君稱王子 公主稱王女 駙馬稱儀賓 令公稱宰相."

13)『세종실록』권8, 2년 5월 6일(계유), "上論利川縣曰 讓寧大君家中所需之

공公, 천하의 기준이 되다

事 勿役公人 以自家人爲之 如有雜人出入者 使裏人告捕 其放鷹 川獵出入時
亦勿差公人隨從."

14)『세종실록』권26, 6년 10월 13일(갑인), "永樂二十二年九月初一日 公差陪
臣知三登縣事樸得年回自遼東 欽聞大行皇帝崩逝."

15)『태종실록』권16, 8년 12월 10일(계미), "臣自早歲 嘗讀孔孟之書 每欲以
堯舜之道 陳於王前 幸遇殿下 過蒙聖恩 位至一品 聯姻公室 常欲以圖報萬
一."

16)『태종실록』권17, 9년 5월 30일(신축), "身聯貴戚 位至大司馬 而心不公於
公室 亦已非矣."

17)『태조실록』권13, 7년 1월 11일(기미), "然側聞海濱甫集之民 聞是令下 恐
公家權利爲患 復爲流亡者 比比有之 予恐欲利於國 而反無益也."

18)『태종실록』권12, 6년 12월 1일(병술).

19)『정종실록』권4, 2년 4월 6일(신축), "願自今 悉罷各道留京諸節制使 以京
外軍馬 盡屬三軍府 以爲公家之兵 以立體統 以重國柄 以攝人心."

20)『태종실록』권12, 6년 8월 16일(임인), "上怒曰 將皆公家之將 兵皆公家之
兵 汝等旣爲禁兵 知有驪城 而獨不知有我歟."

21)『세종실록』권8, 2년 7월 29일(을미), "上王傳旨於兵曹承政院曰 主上言
大妃嘗悼念誠寧 願爲薦導 創成僧堂於大慈庵 飯佛寫經 未就而薨 欲成先志
以慰先靈 予聞之 以爲無害 俗雲 出其所有 以成善事甚好 今欲不費公家之財
以本宮之財 營構僧堂 趙末生等皆對曰 然."

22)『태종실록』권23, 12년 6월 26일(기묘), "伏望殿下 解臣職事 投之閑散 一
以彰殿下知人之明 二以昭殿下擧法之公 三以遂微臣養病之志知止之明 公

道幸甚 臣身幸甚."

23) 『태종실록』 권35, 18년 6월 10일(기축), "肅啓曰 內隱達妻寶排言 五月
二十二日 良守到夫之父母家曰 尹判書已卒 何至今不出女乎 此事 兩大君兩
政丞皆知之 上位亦想知之 在傍夫之四寸別監李蔭相與言詰 其實當蔭及婢
之同生小斤阿只等問之 聽此問之 辭同然 二人皆其親戚 他無公證."

24) 『태종실록』 권2, 1년 11월 27일(신해), "禁臺諫員互相報復 議政府上疏 略
曰 臺諫之任 獻替糾察 以行公道 以正朝廷 故每當除授 必重其選 近年以來
臺諫員或有公罪 其中一員被彈劾 則其餘員等 必欲求疵 反加劾問 以行報復
故一有過誤 則不論輕重 竝加劾責 以爲得計 非惟士習不美 因此廢職 以負
重任之意 今後臺諫員吏犯公罪 當該一員問備劾實申聞 如前不顧己非 爭相
報復者 標付過名 終身不敍 上允 乃曰 今後犯令 以不從王旨論."

25) 『태종실록』 권36, 태종 18년 7월 2일(경술), "凡官吏犯公罪杖以上者與貪
汚不法犯私罪杖以上者等 論皆收職牒 又取科田 其中專賴科田資生者 一朝
遽有妻子飢餓之嘆 雖有特旨 其科田只給三分之一 臣等以爲 犯私罪而收田
者則然矣 犯公罪者 亦依貪汚之例 遂收其田 故其人怨咨之心 或傷和氣也 曾
受職牒 而不還科田者 竝皆還給 以解怨咨 自今不忠不孝外 犯公罪者 只治其
罪 勿收科田."

26) 한상권, 「공죄와 사죄」, 『법사학연구』 53, 2016

27) 『문종실록』 권1, 즉위년 4월 17일(경인), "罷右司諫金新民 知司諫申自守
右獻納崔悌男 右正言柳孝潭等職 義禁府啓 以諫院 國喪禁刑內 擅拿甲士 侵
虐律當杖八十私罪 上欲論以公罪 更議政府 政府議啓 諫院當罷 憲府亦宜左
遷 從之."

공公, 천하의 기준이 되다

28) 『태종실록』권1, 1년 3월 30일(기축), "司憲府上疏 請叛逆沒官奴婢勿復
還給 疏略曰 叛逆之罪 萬世所不赦 故家産奴婢 籍沒於官 古今常典 其遠近
族類 乘間還受 不合於法 願皆還取屬公"

29) 『태종실록』권18, 9년 12월 14일(신해), "括富家粟 議政府啓 各道富人所
蓄之穀 計其本戶人口 少則二百石 多則三百石 量宜給主 其餘雜穀 官錄其數
仍置其家 萬一用調不瞻 則官給價直 以充公用 無事則還給其主 從之."

30) 『태종실록』권26, 13년 11월 11일(정해), "今奴婢公私處中分 則恐將有互
相容匿之弊 請將私賤籍明白者從賤 不明則公處 雖無文籍 並屬公."

31) 『세종실록』권9, 2년 8월 20일(병진), "吏曹啓 諸道損實委官 類皆鄕原無
恥之徒及吏典出身者 緣此損實不中 公私受害 敬差官亦不能遍行審檢 今後
選外力受田各品大小人員充差 若番上宿衛及兵器點閱時 則以其辭緣 移牒兵
曹 並選侍衛別牌公廉者差定 從之."

32) 『영조실록』권37, 10년 1월 5일(임오), "其論裕財用之道曰 殿下至以草衣
木食之敎 發於絲綸 而在下者不能導揚 此臣所以慨恨者也 臣願殿下自今年
一年所入財賦 毋論多少 就其中五分除留一分 以其四分 準一年經用 則如此
五年 成一年之蓄 十五年 成三年之蓄矣 (…) 山海間魚鹽之入於私門者 皆自度
支主管 則煮海鑄山之利興矣."

33) 『영조실록』권75, 28년 1월 13일(을해), "曰隱餘結者 各邑起耕之田畓 冒
稱陳頉 而見漏於公賦之納者 多歸於守令之私用 故使之從實自首者也 (…)
曰分定者 諸道監兵營 各錢幾兩 木幾同 使之輪納 又令各邑以其某樣所收 充
給水軍糧米者也 行之半年 怨謗四起 上書言不便者 曰集公車 蓋軍官則幾年
閑遊之餘 猝然徵布故怨 守令則自首隱結之後 私用匱乏故怨 海民則定稅稍

211
주

輕 爲惠固大 而中間獲利者 舉皆失利故怨 怨謗之四起 理勢則然 至於分定錢
穀 事體苟簡 外方凋弊難支 議者之言 亦不爲過."

34) 페이샤오퉁費孝通 원저, 이경구 옮김,『중국 사회의 기본 구조鄕土中國』,
1995. 이와 관련해서"중국 사회 구조의 틀은 한 단 한 단이 분명한 땔감 묶음
이 아니라, 돌덩어리를 던지면 수면 위에 동그라미를 발생시키며 동심원을 밀
어내는 파문과 같다. 모든 개인이 파문과 같은 사회적 영향을 만들어내는 원
의 중심이 된다"(31쪽)라고 표명한 바 있다.

35) 미조구치 유조 지음, 정태섭·김용천 옮김,『중국의 공과 사』, 신서원,
2004

36)『세종실록』권39, 10년 1월 23일(병오), "臣等竊惟 義勝恩則公 恩勝義則
私 公私之分 乃理亂之源 不可不愼也 今禔之罪 全在欺罔 固不可赦 臣等及
功臣臺諫 合辭請罪 殿下乃重私恩 置而不論 臣等竊有憾焉 我太宗 非不重私
恩也 斷以大義 終付之國家 其慮深矣 今欺罔之罪已著 而殿下只用私恩 不以
公義處之 實有乖於太宗付國家之慮也."

37)『현종실록』권8, 5년 4월 16일(무신), "大司諫李慶徽以爲 曾於喪亂之日
有原隰之哀 而立朝以來 或値境外應接之事 不得不仰念公議 隱忍私情者屢
矣 今者必遠之疏 專以公私輕重爲言 而請罪之論 愈出愈激 何敢可否於其間
正言趙遠期以爲必遠之疏 出於尊朝廷之體例 而學術鹵疎 見識粗謬 顧其初
心 豈盡如議者所言 皆不從."

38)『태종실록』권26, 13년 11월 14일(경인), "世祿 王者之所以待士 不可不均
也 我國家革前朝私田之弊 設圻內科田之法 自公卿大夫至於士 竝受土田 此
法文王仕者世祿之美意也 然掌之者 不體聖意 乃以公平正大之法 反爲厚薄

공公, 천하의 기준이 되다

先後之計 故仕宦累歲 終不得一頃之田者 間或有之 誠爲未便 願自今 分田之
時 令臺諫一員 更相交坐 計其前受多少 考其仕進前後 使不相濫 則多受者不
敢窺伺 未受者始蒙聖澤也."

39) 송양섭, 『18세기 조선의 공공성과 민본이념』, 태학사, 2015

3. '공' 인식의 갈래

1) 미조구치 유조, 정태섭·김용천 옮김, 위의 책, 2004

2) 劉澤華 主編, 『中國政治思想史』, 浙江人民出版社, 1996, 357쪽.

3) 이상은 劉澤華 編, 「春秋戰國的 '立公滅私' 觀念與社會整合」, 『公私觀念與中國社會』, 中國人民人學出版社, 2003, 5·6쪽 참조.

4) 『광해군일기』 정초본을 근거로 함

5) 『현종개수실록』을 근거로 함

6) 『숙종보궐정오』 3건 포함

7) 『선조수정실록』 17건 제외

8) 이 점은 일단 공도과 공론이라는 표현이 갖는 층위의 문제에서 이해될 수 있을 것이다. 즉 공론은 주로 과정을 의미하지만 공도는 원칙이나 준칙이라는 점에서 그 층위가 달랐다. 이런 용어상의 층위가 수치상의 차이로 나타난 것이라고 생각되지만, 이에 대해서는 좀 더 검토와 보완이 필요하겠다.

9) 『중종실록』 권30, 12년 10월 30일(임신).

10) 『숙종실록』 권8, 5년 6월 12일(을해).

11) 『숙종실록』 권11, 7년 5월 2일(갑인).

12) 『영조실록』 권12, 3년 7월 4일(무오).

13) 이근호, 「영조대 균역법의 시행과 公·私 논의」, 『대동문화연구』 76, 2011

14) 배항섭, 「19세기 후반 민중운동과 공론」, 『한국사연구』 161, 2013

15) 『문종실록』 권12, 2년 3월 22일(을묘).

16) 『태종실록』 권15, 8년 5월 22일(경오).

17) 『태종실록』 권17, 9년 4월 2일(갑술).

18) 『태종실록』 권21, 11년 1월 13일(갑술).

19) 박병호, 「韓國에 있어서 法과 倫理道德」, 『法史學硏究』 12, 1991, 4쪽.

20) 『태종실록』 권8, 4년 10월 18일(병술).

21) 『태종실록』 권8, 4년 10월 24일(임진).

22) 『태종실록』 권9, 5년 6월 3일(정묘).

23) 『태종실록』 권12, 6년 윤7월 22일(기묘).

24) 『세종실록』 권30, 7년 12월 10일(을해).

25) 『태조실록』 권1, 1년 7월 20일(임신), "二曰明賞罰 賞罰 人主之大柄 有功
不賞 有罪不罰 雖堯舜不能以善治 賞罰平 則公道明 而人莫敢議矣 人主之於
賞罰 當如天地之於萬物 栽培傾覆 付之無心 不可容一毫私意於其間也."

26) 『정종실록』 권2, 1년 12월 1일(정유).

27) 『정종실록』 권6, 2년 1월 1일(신묘).

28) 『태종실록』 권10, 5년 10월 24일(병술).

29) 『세조실록』 권45, 14년 2월 29일(경신).

30) 『태종실록』 권10, 5년 10월 24일(병술), "賞罰 人主之權 不可下移."

31) 『세종실록』 권58, 14년 12월 10일(을미).

공公, 천하의 기준이 되다

32) 『세종실록』 권85, 21년 4월 20일(정유).

33) 『문종실록』 권9, 1년 9월 28일(계해).

34) 지금까지 언급된 공론의 개념에 대해서는 송웅섭, 『조선 성종대 공론정
치의 형성』, 서울대 국사학과 박사논문, 2011, 9~15쪽 참고.

35) 이와 관련해서 남지대는 원론적인 이상적 공론관을 전제하면서도 역사
적으로는 정치 주도층의 논의가 공론이라고 규정한 바 있다. 남지대, 「조선 성
종대의 대간언론」, 『한국사론』 12, 서울대 국사학과, 1985.

36) 이상익·강정인, 「동서양 사상에 있어서 정치적 정당성의 비교」, 『정치사
상연구』 10-1, 2004, 87~91쪽.

37) 나종석, 앞의 논문, 2013, 8~14쪽.

38) 李珥, 『栗穀全書』 권7, 「辭大司諫兼陳洗滌東西疏」

39) 이상익, 「퇴계와 율곡의 정치에 대한 인식」, 『퇴계학보』 110, 퇴계학연구
원, 2011, 406~410쪽.

40) 정재훈, 『조선 전기 유교 정치사상 연구』, 태학사, 2005

41) 『정종실록』 권3, 2년 1월 24일(기축).

42) 『태종실록』 권8, 4년 12월 8일(을해) ; 『세종실록』 권31, 8년 1월 26일(병오).

43) 『세종실록』 권46, 11년 9월 24일(정묘).

44) 『세종실록』 권123, 31년 3월 16일(병신).

45) 『태종실록』 권14, 7년 11월 4일(갑인).

46) 『태종실록』 권22, 11년 8월 11일(경자).

47) 『세종실록』 권97, 24년 9월 25일(임오).

48) 『세종실록』 권39, 10년 1월 17일(경자).

49) 『세종실록』 권94, 23년 윤11월 17일(경진).

50) 강민저, 『茅山集』 및 『승정원일기』 359책, 숙종 20년 6월 15일(신해).

51) 『승정원일기』 638책, 영조 3년 5월 13일(무진).

52) 『승정원일기』 1127책, 영조 32년 1월 17일(을유).

53) 『승정원일기』 581책, 영조 즉위년 12월 2일(신미).

54) 예를 들어 수찬 이도원은 상소에서, "殿下每以戒切黨習之意 申申於絲
綸之間 雖懲討公共之論 輒皆歸之黨論 而一切斬尤"라 한 바 있다. 『승정원일
기』 717책, 영조 7년 1월 20일(갑신).

55) 『승정원일기』 652책, 영조 3년 12월 18일(기해).

56) 김인걸, 「조선 후기 여론과 정치」, 『조선의 정치와 사회』, 집문당, 2002,
342쪽.

57) 최성환, 「정조대 탕평정국의 군신의리 연구」, 서울대 박사논문, 2009,
11~13쪽.

58) 김경래, 「조선 공론정치론에 대한 비판적 검토와 제안: 이이의 공론 개념
을 중심으로」, 『사학연구』 105, 2012, 140~142쪽.

59) 『영조실록』 권21, 5년 3월 19일(계해).

60) 『승정원일기』 814책, 영조 11년 12월 15일(경진).

61) 『승정원일기』 359책, 숙종 20년 6월 20일(갑술).

62) 『승정원일기』 696책, 영조 5년 11월 12일(임오).

63) 『승정원일기』 918책, 영조 16년 8월 5일(계묘).

64) 미조구치 유조, 앞의 책, 2004, 71쪽.

65) 唐鏡, 『德治, 中國古代德治思想論綱』, 中國文史出版社, 2006, 77쪽.

공公, 천하의 기준이 되다

66) 이근호, 앞의 논문, 2011, 61~62쪽.

67) 제갈량의 227년에 제출한 「전출사표」는 진晉나라 진수陳壽가 찬술한 『삼국지』에 수록되었는데, 처음부터 「전출사표」라는 이름으로 불린 것은 아니다. 「삼국지」에 수록된 진수가 편집한 『제갈씨집諸葛氏集』에서는 『북출北出』이라고 했다가 남조南朝 양梁나라 소명태자昭明太子 소통蕭統이 『문선文選』을 엮으면서 비로소 출사표라는 이름이 붙게 되었다. 餘明俠, 『中國思想家評傳叢書: 諸葛亮評傳』, 南京大學校出版社, 1996, 227쪽.

68) 『三國志』 卷35, 「蜀書」 5, 諸葛亮傳 제5, "宮中府中俱爲一體 陟罰臧否 不宜異同 若有作姦犯科及爲忠善者 宜付有司論其刑賞 以昭陛下平明之理 不宜偏私 使內外異法也." 대만중앙연구원 http://hanchi.ihp.sinica.edu.tw 참고.

69) 제갈량의 궁부일체론이 『주례』에서 기원했다는 파악 방식은 우리 측 기록에 의거한 것이다. 본문에서 서술하는 정도전의 경우가 그러하며, 이익李瀷의 경우도 궁부일체를 설명하면서 먼저 『주례』의 총재를 설명한 뒤에 이어서 제갈량의 출사표를 언급한 바 있다. 李瀷, 「星湖僿說」 권18, 經史門, 궁부일체.

70) 이하 『주례』와 관련된 서술은, 郝鐵川, 『經國治民之典: 『周禮』與中國文化』, 河南大學出版社, 1995; 劉澤華 主編, 『中國政治思想史: 先秦篇』, 浙江人民出版社, 1996, 243~259쪽을 참고했다.

71) 郝鐵川, 위의 책, 1995, 149~159쪽.

72) 『영조실록』 권1, 즉위년 10월 3일(계유).

73) 정도전, 『조선경국전』 「치전총서」

74) 정도전의 주장에 대해서는 도현철, 『고려말 사대부의 정치사상 연구』, 일
조각, 1999 참고.

75) 『명종실록』권1, 즉위년 7월 25일(을유) ; 李彦迪, 『晦齋集』卷13, 啓, 「政
府書啓十條」

76) 봉환이란 국왕의 명령에 대해 재심을 청구하며 그 명령을 다시 국왕에게
올리는 일을 말한다. 봉환의 개념이나 그것의 정치사적 의미에 대해서는 李
根浩, 「朝鮮中期 承政院의 封還 慣行에 대한 檢討」, 『史學硏究』 75, 2004를
참고 바람.

77) 이와 관련해 후일 유성룡은 이언적의 이때 견해는 궁부일체를 위한 것이
고 私門이 열리지 않기 위한 것이라 정의한 바 있다. 李彦迪, 『晦齋集附錄』
記, 「恭書禦剳答官學諸生疏後」

78) 金貴榮, 『東園集』卷3, 箚, 「論內需司斁害箚」

79) 李珥, 『栗穀全書』卷5, 疏箚3, 「萬言封事」

80) 李珥, 『聖學輯要』謹嚴章 第6.

81) 『숙종실록』권13, 8년 12월 28일(신축).

82) 金長生, 「沙溪遺稿」卷4, 書, 與李玉汝李貴金冠玉金墾張持國張維崔子
謙崔鳴吉.

83) 張維, 『谿穀集』, 卷18, 疏箚, 「求言應旨箚」

84) 蔡裕後, 『湖洲集』, 卷7, 箚, 「玉堂箚子」

85) 『광해군일기』권36, 2년 12월 23일(갑오).

86) 『승정원일기』309책, 숙종 11년 5월 13일(임신).

87) 『숙종실록』권16, 11년 5월 13일(임신).

공公, 천하의 기준이 되다

88) 宋時烈, 『宋子大全』, 卷5, 己醜封事.

89) 『효종실록』 권2, 즉위년 11월 26일(신사).

90) 『인조실록』 권44, 21년 3월 3일(병신); 金堉, 『潛谷遺稿』 卷4, 疏箚, 「玉堂論事箚」

91) 李敬輿, 『白江集』 卷7, 疏箚, 「歸覲後辭職兼陳所懷疏」

92) 李敬輿, 『白江集』 卷10, 疏箚, 「以登對時未盡所懷 退上二十一條箚」

93) 『효종실록』 권4, 1년 7월 3일(갑인); 李敬輿, 『白江集』 卷9, 疏箚, 「因災異論時事仍乞策免箚」

94) 葛荃, 『權力宰制理性: 士人, 傳統政治文化與中國社會』, 南開大學出版社, 2003, 234~238쪽.

95) 李敬輿, 『白江集』 卷9, 疏箚, 「因災異論時事仍乞策免箚」

96) 張分田, 『中國帝王觀念』, 中國人民大學出版社, 2004, 228~229쪽.

97) 정조대 왕실 재정 개혁과 궁부일체론의 관련성에 대해서는 송양섭, 앞의 책, 2015 참고.

98) 正祖, 『弘齋全書』 卷30, 敎1, 「廷臣祛黨申飭敎」

99) 『정조실록』 권6, 2년 12월 17일(계유).

2장 원전으로 읽는 공공

1) 배병삼, 「유교의 공과 사」, 『동서사상』 14, 2013

『朝鮮王朝實錄』『承政院日記』

『朝鮮經國典』『晦齋集』『退溪集』『東園集』『沙溪遺稿』『谿谷集』『湖洲集』
『宋子大全』『白江集』『潛谷遺稿』『弘齋全書』『栗谷全書』『茅山集』『星湖塞
說』『與猶堂全書』

『周易』『論語』『孟子』『書經』『詩經』『說文解字』『荀子』『韓非子』『呂氏春
秋』『禮記』『後漢書』『定性書』『三國志』『諸葛氏集』『通典』『文獻通考』『六
典通考』『近思錄』 등

葛荃, 『權力宰制理性: 士人, 傳統政治文化與中國社會』, 南開大學出版社,
2003

溝口雄三 지음, 고희탁 옮김, 『한단어사전 公私』, 푸른역사, 2013

溝口雄三, 『中國公私』, 硏文出版, 1995(溝口雄三 지음, 정태섭·김용천 옮김, 『중
국의 공과 사』, 신서원, 2004)

권정안, 복대형, 「『예기禮記』 대동사회大同社會에 대한 고찰」, 『漢文古典研
究』 36, 2018

김경래, 「조선 공론정치론에 대한 비판적 검토와 제안: 이이의 공론 개념을 중
심으로」, 『사학연구』 105, 2012

김인걸, 「조선후기 여론과 정치」, 『조선의 정치와 사회』, 집문당, 2002

나종석, 「주희의 공公 개념과 유교적 공공성公共性 이론에 관한 연구」, 『동방

학지』164, 2013

남지내, 「조선 성종대의 대간언론」, 『한국사론』12, 서울대 국사학과, 1985

唐鏡, 『德治, 中國古代德治思想論綱』, 中國文史出版社, 2006

도현철, 『고려 말 사대부의 정치사상 연구』, 일조각, 1999

劉澤華 等編, 『公私觀念與中國社會』, 中國人民大學出版社, 2003

미조구치 유조 지음, 정태섭·김용천 옮김, 『중국의 공과 사』, 신서원, 2004

박병호, 「韓國에 있어서 法과 倫理道德」, 『法史學硏究』12, 1991

배병삼, 「유교의 공과 사」, 『동서사상』14, 2013

배항섭, 「19세기 후반 민중운동과 공론」, 『한국사연구』161, 2013

송양섭, 『18세기 조선의 공공성과 민본이념』, 태학사, 2015

송웅섭, 『조선 성종대 공론정치의 형성』, 서울대 국사학과 박사논문, 2011

餘明俠, 『中國思想家評傳叢書: 諸葛亮評傳』, 南京大學校出版社, 1996

劉澤華 主編, 『中國政治思想史』, 浙江人民出版社, 1996

李根浩, 「朝鮮中期 承政院의 封還 慣行에 대한 檢討」, 『史學硏究』75, 2004

이근호, 「영조대 균역법의 시행과 公·私논의」, 『대동문화연구』76, 2011

이근호, 「18세기 '공론'정치 구조에 대한 시론」, 『조선시대사학보』71, 2014

이근호, 「조선 후기 '공公' 담론 연구의 현황과 전망」, 『역사와 현실』93, 2014

이상익, 「퇴계와 율곡의 정치에 대한 인식」, 『퇴계학보』110, 퇴계학연구원, 2011

이상익·강정인, 「동서양 사상에 있어서 정치적 정당성의 비교」, 『정치사상연구』10-1, 2004

이승환, 「한국 전통의 공公 담론과 근대적 변용」, 『유교 담론의 지형학』, 푸른

숲, 2004

張分田, 『中國帝王觀念』, 中國人民大學出版社, 2004

장현근, 『관념의 변천사 중국의 정치사상』, 한길사, 2016

정재훈, 『조선 전기 유교 정치사상 연구』, 태학사, 2005

최성환, 「정조대 탕평정국의 군신의리 연구」, 서울대 박사논문, 2009

郝鐵川, 『經國治民之典: 『周禮』與中國文化』, 河南大學出版社, 1995

한상권, 「공죄와 사죄」, 『법사학연구』 53, 2016

황향주, 「고려의 기복제와 14세기말 기복논쟁」, 서울대 국사학과 석사논문, 2011

페이샤오퉁費孝通, 이경구 옮김, 『중국 사회의 기본 구조鄕土中國』, 일조각, 1995

승정원일기 http://sjw.history.go.kr

조선왕조실록 http://sillok.history.go.kr

한국고전종합DB http://db.itkc.or.kr

한전漢典 http://www.zdic.net

대만중앙연구원 http://hanchi.ihp.sinica.edu.tw

공公, 천하의 기준이 되다

ⓒ 이근호

초판 인쇄	2018년 12월 18일
초판 발행	2018년 12월 27일

지은이	이근호
기획	한국국학진흥원
펴낸이	강성민
편집장	이은혜
편집	강성민
마케팅	정민호 이숙재 정현민 김도윤 안남영
홍보	김희숙 김상만 이천희

펴낸곳	(주)글항아리│출판등록 2009년 1월 19일 제406-2009-000002호
주소	10881 경기도 파주시 회동길 210
전자우편	bookpot@hanmail.net
전화번호	031-955-1936(편집부) 031-955-8891(마케팅)
팩스	031-955-2557

ISBN	978-89-6735-581-4 03100

글항아리는 (주)문학동네의 계열사입니다.

이 도서의 국립중앙도서관 출판시도서목록(CIP)은 서지정보유통지원시스템 홈페이지
(http://seoji.nl.go.kr)와 국가자료공동목록시스템(http://www.nl.go.kr/kolisnet)에서
이용하실 수 있습니다. (CIP제어번호 : CIP2018041020)